JN411976

as you look forward to the day of

God and speed its coming

하나님의 날이 임하기를 바라보고 간절히 사모하라

2026년 01월 27일 초판 발행

엮은이 | 김영길

발행인 | 박찬우

발행처 | 파랑새미디어

등록번호 | 제313-2006-000085호

서울특별시 마포구 서교동 357-1 서교프라자 318

문의 전화 | 02-333-8311

정가 16,700원

ISBN 979-11-5721-216-3 03230

As You Look forward to the Day of God and Speed its Coming

Published by Bluebird Media

04039 Seogyo-plaza #318, 20, Hongik-ro 3-gil, Mapo-gu, Seoul, South Korea

Telephone; 02-333-8311

Registration number: 313-2006-000085

Email; thebbm@naver.com

$ 15.00 U.S. | ₩16,700

ISBN 979-11-5721-216-3 03230

Printed in Seoul, South Korea

하나님의 날이 임하기를
바라보고 간절히 사모하라

As you look forward to the Day of
God and Speed its Coming

머리말

그러므로 생각하라 너희는 그때에 육체로는 이방인이요 손으로 육체에 행한 할례를 받은 무리라 칭하는 자들로부터 할례를 받지 않은 무리라 칭함을 받는 자들이라 그때에 너희는 그리스도 밖에 있었고 이스라엘 나라 밖의 사람이라 약속의 언약들에 대하여는 외인이요 세상에서 소망이 없고 하나님도 없는 자이더니 이제는 전에 멀리 있던 너희가 그리스도 예수 안에서 그리스도의 피로 가까워졌느니라 그는 우리의 화평이신지라 둘로 하나를 만드사 원수 된 것 곧 중간에 막힌 담을 자기 육체로 허시고 법조문으로 된 계명의 율법을 폐하셨으니 이는 이 둘로 자기 안에서 한 새 사람을 지어 화평하게 하시고 또 십자가로 이 둘을 한 몸으로 하나님과 화목하게 하려 하심이라 원수 된 것을 십자가로 소멸하시고 또 오셔서 먼 데 있는 너희에게 평안을 전하시고 가까운 데 있는 자들에게 평안을 전하셨으니 이는 그로 말미암아 우리 둘이 한 성령 안에서 아버지께 나아감을 얻게 하려 하심이라 그러므로 이제부터 너희는 외인도 아니요 나그네도 아니요 오직 성도들과 동일한 시민이요 하나님의 권속이라 너희는 사도들과 선지자들의 터 위에 세우심을 입은 자라 그리스도 예수께서 친히 모퉁잇돌이 되셨느니라 그의 안에서 건물마다 서로 연결하여 주 안에서 성전이 되어 가고 너희도 성령 안에서 하나님이 거하실 처소가 되기 위하여 그리스도 예수 안에서 함께 지어져 가느니라 (엡2:11~22)

Preface

Therefore, remember that formerly you who are Gentiles by birth and called "uncircumcised" by those who call themselves "the circumcision" (that done in the body by the hands of men)-remember that at that time you were separate from Christ, excluded from citizenship in Israel and foreigners to the covenants of the promise, without hope and without God in the world. But now in Christ Jesus you who once were far away have been brought near through the blood of Christ. For he himself is our peace, who has made the two one and has destroyed the barrier, the dividing wall of hostility, by abolishing in his flesh the law with its commandments and regulations. His purpose was to create in himself one new man out of the two, thus making peace, and in this one body to reconcile both of them to God through the cross, by which he put to death their hostility. He came and preached peace to you who were far away and peace to those who were near. For through him we both have access to the Father by one Spirit. Consequently, you are no longer foreigners and aliens, but fellow citizens with God's people and members of God's household, built on the foundation of the apostles and prophets, with Christ Jesus himself as the chief cornerstone. In him the whole building is joined together and rises to become a holy temple in the Lord. And in him you too are being built together to become a dwelling in which God lives by his Spirit. (Ephesians 2:11~22)

〈거룩한 행실과 경건함으로〉

하나님의 날이 임하기를 바라보고 간절히 사모하라 그날에 하늘이 불에 타서 풀어지고 물질이 뜨거운 불에 녹아지려니와 우리는 그의 약속대로 의가 있는 곳인 새 하늘과 새 땅을 바라보도다 그러므로 사랑하는 자들아 너희가 이것을 바라보나니 주 앞에서 점도 없고 흠도 없이 평강 가운데서 나타나기를 힘쓰라 (벧후3:12~14)

〈다 이루었다〉

예수께서 신 포도주를 받으신 후에 이르시되 다 이루었다[*1)] 하시고 머리를 숙이니 영혼이 떠나가시니라 (요19:30)

*1) 이 뜻을 따라 예수 그리스도의 몸을 단번에 드리심으로 말미암아 우리가 거룩함을 얻었노라 (히10:10)

너희가 성경에서 영생을 얻는 줄 생각하고 성경을 연구하거니와 이 성경이 곧 내게 대하여 증언하는 것이니라[*1)] (요5:39)

*1) 이에 그들의 마음을 열어 성경을 깨닫게 하시고 (요24:45)

예수께서 이르시되 내가 곧 길이요 진리요 생명이니 나로 말미암지 않고는 아버지께로 올 자가 없느니라, 내가 문이니 누구든지 나로 말미암아 들어가면 구원을 받고 또는 들어가며 나오며 꼴을 얻으리라 (요14:6, 10:9)

내가 아버지께로부터 너희에게 보낼 보혜사 곧 아버지께로부터 나오시는 진리의 성령이 오실 때에 그가 나를 증언하실 것이요 (요15:26)

오직 성령이 너희에게 임하시면 너희가 권능을 받고 예루살렘과

온 유대와 사마리아와 땅끝까지 이르러 내 증인이 되리라 하시니라 (행1:8)

그후에 말씀하시기를 보시옵소서 내가 하나님의 뜻을 행하러 왔나이다 하셨으니 그 첫째 것을 폐하심은[*1)] 둘째 것을 세우려 하심이라[*2)] 이 뜻을 따라 예수 그리스도의 몸을 단번에 드리심으로 말미암아 우리가 거룩함을 얻었노라 (히10:9~10)

*1) 법조문으로 된 계명의 율법을 폐하셨으니 이는 이 둘로 자기 안에서 한 새 사람을 지어 화평하게 하시고 (엡2:15)

*2) 또한 성령이 우리에게 증언하시되 주께서 이르시되 그날 후로는 그들과 맺을 언약이 이것이라 하시고 내 법을 그들의 마음에 두고 그들의 생각에 기록하리라 하신 후에 (히10:15~16)

새 계명을 너희에게 주노니 서로 사랑하라 내가 너희를 사랑한 것같이 너희도 서로 사랑하라 ((요13:34)

어느 때나 하나님을 본 사람이 없으되 만일 우리가 서로 사랑하면 하나님이 우리 안에 거하시고 그의 사랑이 우리 안에 온전히 이루어지느니라 (요일4:12)

그러므로 이제 그리스도 예수 안에 있는 자에게는 결코 정죄함이 없나니 이는 그리스도 예수 안에 있는 생명의 성령의 법이 죄와 사망의 법에서 너를 해방하였음이라 (롬8:1~2)

죄가 너희를 주장하지 못하리니 이는 너희가 법 아래에 있지 아니하고 은혜 아래에 있음이라 (롬6:14)

우리는 그리스도 안에서 그의 은혜의 풍성함을 따라 그의 피로 말미암아 속량 곧 죄사함을 받았느니라 (엡1:7)

그러므로 우리가 그의 죽으심과 합하여 세례를 받음으로 그와 함께

장사되었나니 이는 아버지의 영광으로 말미암아 그리스도를 죽은 자 가운데서 살리심과 같이 우리로 또한 새 생명 가운데서 행하게 하려 함이라 (롬6:4)

사랑은 여기 있으니 우리가 하나님을 사랑한 것이 아니요 하나님이 우리를 사랑하사 우리 죄를 속하기 위하여 화목제물로 그 아들을 보내셨음이라[*1)] (요일4:10)

*1) 우리가 아직 죄인 되었을 때에 그리스도께서 우리를 위하여 죽으심으로 하나님께서 우리에 대한 자기의 사랑을 확증하셨느니라 (롬5:8)

아버지께서 나를 사랑하신 것같이 나도 너희를 사랑하였으니 나의 사랑 안에 거하라 (요15:9)

새 계명을 너희에게 주노니 서로 사랑하라 내가 너희를 사랑한 것같이 너희도 서로 사랑하라, 내 계명은 곧 내가 너희를 사랑한 것같이 너희도 서로 사랑하라 하는 이것이니라 (요13:34, 15:12)

나의 계명을 지키는 자라야 나를 사랑하는 자니 나를 사랑하는 자는 내 아버지께 사랑을 받을 것이요 나도 그를 사랑하여 그에게 나를 나타내리라 (요14:21)

그의 계명을 지키는 자는 주 안에 거하고 주는 그의 안에 거하시나니 우리에게 주신 성령으로 말미암아 그가 우리 안에 거하시는 줄을 우리가 아느니라 (요일3:24)

내가 그리스도와 함께 십자가에 못 박혔나니 그런즉 이제는 내가 사는 것이 아니요 오직 내 안에 그리스도께서 사시는 것이라 이제 내가 육체 가운데 사는 것은 나를 사랑하사 나를 위하여 자기 자신을 버리신

하나님의 아들을 믿는 믿음 안에서 사는 것이라 (갈2:20)

우리가 살아도 주를 위하여 살고 죽어도 주를 위하여 죽나니 그러므로 사나 죽으나 우리가 주의 것이로다 (롬14:8)

또 무엇을 하든지 말에나 일에나 다 주 예수의 이름으로 하고 그를 힘입어 하나님 아버지께 감사하라, 값으로 산 것이 되었으니 그런즉 너희 몸으로 하나님께 영광을 돌리라*[1] (골3:17, 고전6:20))

*1) 그러므로 형제들아 내가 하나님의 모든 자비하심으로 너희를 권하노니 너희 몸을 하나님이 기뻐하시는 산 제물로 드리라 이는 너희가 드릴 영적 예배니라 (롬12:1)

예수께서 이르시되 네 마음을 다하고 목숨을 다하고 뜻을 다하여 주 너의 하나님을 사랑하라 하셨으니 이것이 크고 첫째 되는 계명이요 둘째도 그와 같으니 네 이웃을 네 자신같이 사랑하라 하셨으니 이 두 계명이 온 율법과 선지자의 강령이니라 (마22:37~40

너희는 여호와의 책에서 찾아 읽어보라 이것들 가운데서 빠진 것이 하나도 없고 제 짝이 없는 것이 없으리니 이는 여호와의 입이 명령하셨고 그의 영이 이것들을 모으셨음이라 (사34:16)

내가 너로*[1] 여자와 원수가 되게 하고 네 후손도 여자의 후손과*[2] 원수가 되게 하리니 여자의 후손은 네 머리를 상하게 할 것이요*[3] 너는 그의 발꿈치를 상하게 할 것이니라*[4] 하시고 (창3:15)

*1) 큰 용이 내쫓기니 옛 뱀 곧 마귀라고도 하고 사탄이라고도 하며 온 천하를 꾀는 자라 그가 땅으로 내쫓기니 그의 사자들도 그와 함께 내쫓기니라 (계12:9)

*2) 이 약속들은 아브라함과 그 자손에게 말씀하신 것인데 여럿을 가리켜 그 자손들이라 하지 아니하시고 오직 한 사람을 가리켜 네 자손이라 하셨으니 곧 그리스도라 (갈3:16)

*3) 자녀들은 혈과 육에 속하였으매 그도 또한 같은 모양으로 혈과 육을 함께 지니심은 죽음을 통하여 죽음의 세력을 잡은 자 곧 마귀를 멸하시며 (히2:14)

또 그들을 미혹하는 마귀가 불과 유황 못에 던져지니 거기는 그 짐승과 거짓 선지자도 있어 세세토록 밤낮 괴로움을 받으리라 (계20:10)

*4) 마귀가 벌써 시몬의 아들 가룟 유다의 마음에 예수를 팔려는 생각을 넣었더라, 그때에 열둘 중의 하나인 가룟 유다라 하는 자가 대제사장들에게 가서 말하되 내가 예수를 너희에게 넘겨주리니 얼마나 주려느냐 하니 그들이 은 삼십을 달아 주거늘 그가 그때부터 예수를 넘겨줄 기회를 찾더라, 조각을 받은 후 곧 사탄이 그 속에 들어간지라 이에 예수께서 유다에게 이르시되 네가 하는 일을 속히 하라 하시니, 이에 와서 곧 예수께 나아와 랍비여 하고 입을 맞추니 그들이 예수께 손을 대어 잡거늘, 예수께서 대답하시되 내가 너희 열둘을 택하지 아니하였느냐 그러나 너희 중의 한 사람은 마귀니라 하시니 이 말씀은 가룟 시몬의 아들 유다를 가리키심이라 그는 열둘 중의 하나로 예수를 팔 자러라 (요13:2, 마26:14~16, 요 13:27, 막 14:45~46, 요 6:70~71)

이때부터 예수께서 비로소 전파하여 이르시되 회개하라 천국이 가까이 왔느니라 하시더라[*1] (마4:17)

*1) 베드로가 이르되 너희가 회개하여 각각 예수 그리스도의 이름으로 세례를 받고 죄 사함을 받으라 그리하면 성령의 선물을 받으리니 (행2:38)

영생은 곧 유일하신 참 하나님[*1]과 그가 보내신 자 예수 그리스도[*2]를 아는 것이니이다 (요17:3)

*1) 예수께서 세례를 받으시고 곧 물에서 올라오실새 하늘이 열리고 하나님의 성령이 비둘기같이 내려 자기 위에 임하심을 보시더니 하늘로부터 소리가 있어 말씀하시되 이는 내 사랑하는 아들이요 내 기뻐하는 자라 하시니라 (마3:16~17)

*2) 말씀이 육신이 되어 우리 가운데 거하시매 우리가 그의 영광을 보니 아버지의 독생자의 영광이요 은혜와 진리가 충만하더라 (요1:14)

하나님의 말씀은 살아있고 활력이 있어 좌우에 날선 어떤 검보다도 예리하여 혼과 영과 및 관절과 골수를 찔러 쪼개기까지 하며 또 마음의 생각과 뜻을 판단하나니 지으신 것이 하나도 그 앞에 나타나지 않음이 없고 우리의 결산을 받으실 이의 눈앞에 만물이 벌거벗은 것같이 드러나느니라 (히4:12~13)

내 아버지께서 모든 것을 내게 주셨으니 아버지 외에는 아들을 아는 자가 없고 아들과 또 아들의 소원대로 계시를 받는 자 외에는 아버지를 아는 자가 없느니라 (마11:27)

우리 주 예수 그리스도의 하나님, 영광의 아버지께서 지혜와 계시의 영을 너희에게 주사 하나님을 알게 하시고 (엡1:17)

보혜사 곧 아버지께서 내 이름으로 보내실 성령 그가 너희에게 모든 것을 가르치고 내가 너희에게 말한 모든 것을 생각나게 하리라 (요14:26)

나더러 주여 주여 하는 자마다 다 천국에 들어갈 것이 아니요 다만 하늘에 계신 내 아버지의 뜻대로 행하는 자라야 들어가리라[*1] (마7:21)

*1) 내 아버지의 뜻은 아들을 보고 믿는 자마다 영생을 얻는 이것이니 마지막 날에 내가 이를 다시 살리리라 하시니라 (요6:40)

예수께서 대답하시되 진실로 진실로 네게 이르노니 사람이 물과[*1] 성령으로[*2] 나지 아니하면 하나님의 나라에 들어갈 수 없느니라 (요3:5)

*1) 물은 예수 그리스도께서 부활하심으로 말미암아 이제 너희를 구원하는

표니 곧 세례라 이는 육체의 더러운 것을 제하여 버림이 아니요 하나님을 향한 선한 양심의 간구니라 (벧전3:21)

*2) 나는 너희로 회개하기 위하여 물로 세례를 베풀거니와 내 뒤에 오시는 이는 나보다 능력이 많으시니 나는 그의 신을 들기도 감당하지 못하겠노라 그는 성령과 불로 너희에게 세례를 베푸실 것이요 (마3:11)

오순절 날이 이미 이르매 그들이 다같이 한곳에 모였더니 홀연히 하늘로부터 급하고 강한 바람 같은 소리가 있어 그들이 앉은 온 집에 가득하며 마치 불의 혀처럼 갈라지는 것들이 그들에게 보여 각 사람 위에 하나씩 임하여 있더니 그들이 다 성령의 충만함을 받고 성령이 말하게 하심을 따라 다른 언어들로 말하기를 시작하니라 (행2:1~4)

이르되 너희가 믿을 때에 성령을 받았느냐 이르되 아니라 우리는 성령이 계심도 듣지 못하였노라 바울이 이르되 그러면 너희가 무슨 세례를 받았느냐 대답하되 요한의 세례니라 바울이 이르되 요한이 회개의 세례를 베풀며 백성에게 말하되 내 뒤에 오시는 이를 믿으라 하였으니 이는 곧 예수라 하거늘 그들이 듣고 주 예수의 이름으로 세례를 받으니 바울이 그들에게 안수하매 성령이 그들에게 임하시므로 방언도 하고 예언도 하니 (행19:2~6)

그후에 내가 내 영을 만민에게 부어 주리니 너희 자녀들이 장래 일을 말할 것이며 너희 늙은이는 꿈을 꾸며 너희 젊은 이는 이상을 볼 것이며 그때에 내가 또 내 영을 남종과 여종에게 부어 줄 것이며 (욜2:28~29)

그 안에서 너희도 진리의 말씀 곧 너희의 구원의 복음을 듣고 그 안에서 또한 믿어[*1)] 약속의 성령으로 인치심을 받았으니[*2)] (엡1:13)

*1) 네가 만일 네 입으로 예수를 주로 시인하며 또 하나님께서 그를 죽은 자 가운데서 살리신 것을 네 마음에 믿으면 구원을 받으리라 사람이 마음으로 믿어 의에 이르고 입으로 시인하여 구원에 이르느니라 (롬10:9~10)

너희는 그 은혜에 의하여 믿음으로 말미암아 구원을 받았으니 이것은 너희에게서 난 것이 아니요 하나님의 선물이라 행위에서 난 것이 아니니 이

는 누구든지 자랑하지 못하게 함이라 (엡2:8~9)

우리를 구원하시되 우리가 행한 바 의로운 행위로 말미암지 아니하고 오직 그의 긍휼하심을 따라 중생의 씻음과 성령의 새롭게 하심으로 하셨나니 (딛3:5)

그리스도 예수 안에 있는 속량으로 말미암아 하나님의 은혜로 값없이 의롭다 하심을 얻은 자 되었느니라 (롬3:24)

*2) 성령을 소멸하지 말며, 하나님의 성령을 근심하게 하지 말라 그 안에서 너희가 구원의 날까지 인치심을 받았느니라 (살전5:19, 엡4:30)

내가 진실로 진실로 너희에게 이르노니 내 말을 듣고 또 나 보내신 이를 믿는 자는 영생을 얻었고 심판[*1)]에 이르지 아니하나니 사망에서 생명으로 옮겼느니라[*2)] (요5:24)

*1) **<크고 흰 보좌에서 심판을 내리시다>**

11 또 내가 크고 흰 보좌와 그 위에 앉으신 이를 보니 땅과 하늘이 그 앞에서 피하여 간 데 없더라

12 또 내가 보니 죽은 자들이 큰 자나 작은 자나 그 보좌 앞에 서 있는데 책들이 펴 있고 또 다른 책이 펴졌으니 곧 생명책이라 죽은 자들이 자기 행위를 따라 책들에 기록된 대로 심판을 받으니

13 바다가 그 가운데에서 죽은 자들을 내주고 또 사망과 음부도 그 가운데에서 죽은 자들을 내주매 각 사람이 자기의 행위대로 심판을 받고

14 사망과 음부도 불못에 던져지니 이것은 둘째 사망 곧 불못이라

15 누구든지 생명책에 기록되지 못한 자는 불못에 던져지더라 (계20:11~15)

*2) 11 또 증거는 이것이니 하나님이 우리에게 영생을 주신 것과 이 생명이 그의 아들 안에 있는 그것이니라

12 아들이 있는 자에게는 생명이 있고 하나님의 아들이 없는 자에게는 생명이 없느니라 (요일5:11~12)

너희가 아들이므로 하나님이 그 아들의 영을 우리 마음 가운데 보내사 아빠 아버지라 부르게 하셨느니라 (갈4:6)

내 형제들아 만일 사람이 믿음이 있노라 하고 행함이 없으면 무슨 유익이 있으리요 그 믿음이 능히 자기를 구원하겠느냐, 네가 보거니와 믿음이 그의 행함과 함께 일하고 행함으로 믿음이 온전하게 되었느니라, 영혼 없는 몸이 죽은 것같이 행함이 없는 믿음은 죽은 것이니라*1) (약2:14, 22, 26)

*1) 임금이 대답하여 이르시되 내가 진실로 너희에게 이르노니 너희가 여기 내 형제 중에 지극히 작은 자 하나에게 한 것이 곧 내게 한 것이니라 하시고, 이에 임금이 대답하여 이르시되 내가 진실로 너희에게 이르노니 이 지극히 작은 자 하나에게 하지 아니한 것이 곧 내게 하지 아니한 것이니라 하시니 그들은 영벌에, 의인들은 영생에 들어가리라 하시니라 (마25:40, 45~46)

무엇이든지 속된 것이나 가증한 일 또는 거짓말하는 자는*1) 결코 그리로 들어가지 못하되 오직 어린 양의 생명책에 기록된 자들만 들어가리라*2) (계21:27)

*1) 그를 아노라 하고 그의 계명을 지키지 아니하는 자는 거짓말하는 자요 진리가 그 속에 있지 아니하되 (요일2:4)

*2) 새 계명을 너희에게 주노니 서로 사랑하라 내가 너희를 사랑한 것같이 너희도 서로 사랑하라 (요13:34)

나의 계명을 지키는 자라야 나를 사랑하는 자니 나를 사랑하는 자는 내 아버지께 사랑을 받을 것이요 나도 그를 사랑하여 그에게 나를 나타내리라 (요14:21)

그의 계명을 지키는 자는 주 안에 거하고 주는 그의 안에 거하시나니 우리에게 주신 성령으로 말미암아 그가 우리 안에 거하시는 줄을 우리가 아느니라 (요일 3:24)

예수께서 그리스도이심을 믿는 자마다 하나님께로부터 난 자니 또한 낳으신 이를 사랑하는 자마다 그에게서 난 자를 사랑하느니라, 무릇 하나님께로부터 난 자마다 세상을 이기느니라 세상을 이기는 승리는 이것이니 우리의 믿음이니라 예수께서 하나님의 아들이심을 믿는 자가 아니면 세상을 이기는 자가 누구냐 (요일5:1, 4~5)

이기는 자는 이와 같이 흰옷을 입을 것이요 내가 그 이름을 생명책에서 결코 지우지 아니하고 그 이름을 내 아버지 앞과 그의 천사들 앞에서 시인하리라 (계 3:5)

16 주께서 호령과 천사장의 소리와 하나님의 나팔 소리로 친히 하늘로
부터 강림하시리니 그리스도 안에서 죽은 자들이 먼저 일어나고
17 그후에 우리 살아남은 자들도[*1)] 그들과 함께 구름 속으로 끌어 올려
공중에서 주를 영접하게 하시리니[*2)] 그리하여 우리가 항상 주와 함
께 있으리라 (살전4:16~17)

*1) 그는 만물을 자기에게 복종하게 하실 수 있는 자의 역사로 우리의 낮은 몸을 자기 영광의 몸의 형체와 같이 변하게 하시리라 (빌3:21)

*2) 하늘로부터 큰 음성이 있어 이리로 올라오라 함을 그들이 듣고 구름을 타고 하늘로 올라가니 그들의 원수들도 구경하더라 (계11:12)

<항상 기도하며 깨어 있으라>

34 너희는 스스로 조심하라 그렇지 않으면 방탕함과 술취함과 생활의
염려로 마음이 둔하여지고 뜻밖에 그날이 덫과 같이 너희에게 임하
리라
35 이날은 온 지구상에 거하는 모든 사람에게 임하리라
36 이러므로 너희는 장차 올 이 모든 일을 능히 피하고 인자 앞에 서도

록 항상 기도하며 깨어 있으라 하시니라*1) (눅21:34~36)

*1) 4 형제들아 너희는 어둠에 있지 아니하매 그날이 도둑같이 너희에게 임하지 못하리니

5 너희는 다 빛의 아들이요 낮의 아들이라 우리가 밤이나 어둠에 속하지 아니하나니

6 그러므로 우리는 다른 이들과 같이 자지 말고 오직 깨어 정신을 차릴지라 (살전 5:4~6)

2026년 1월 27일

엮은이 김 영 길

<You ought to live holy and godly lives>

as you look forward to the day of God and speed its coming. That day will bring about the destruction of the heavens by fire, and the elements will melt in the heat. But in keeping with his promise we are looking forward to a new heaven and a new earth, the home of righteousness. So then, dear friends, since you are looking forward to this, make every effort to be found spotless, blameless and at peace with him. (2Peter 3:12~14)

<It is finished>

When he had received the drink, Jesus said, "It is finished."[*1] With that, he bowed his head and gave up his spirit. (John 19:30)

*1) And by that will, we have been made holy through the sacrifice of the body of Jesus Christ once for all. (Hrbrews 10:10)

You diligently study the scriptures because you think that by them you possess eternal life. These are the Scriptures that testify about me,[*1] (John 5:39)

*1) Then he opened their minds so they could understand the Scriptures. (Luke 24:45)

Jesus answered, I am the way and the truth and the life. No one comes to the Father except through me. I am the gate; whoever enters through me will be saved. He will come in and go out, and find pasture. (John 14:6, 10:9)

When the Counselor comes, whom I will send to you from the Father, the Spirit of truth who goes out from the Father, he will testify about me. (John 15:26)

But you will receive power when the Holy Spirit comes on you; and you will be my witnesses in Jerusalem, and in all Judea and Samaria, and to the ends of the earth. (Acts 1:8)

Then he said, "Here I am, I have come to do your will." He sets aside the first[*1)] to establish the second.[*2)] And by that will, we have been made holy through the sacrifice of the body of Jesus Christ once for all. (Herbrews 10:9~10)

*1) by abolishing in his flesh the law with its commandments and regulations, His purpose was to create in himself one new man out of the two, thus making peace. (Ephesians 2:15)

*2) The Holy Sprit also testifies to us about this. First he says: "This is the covenant I will make with them after that time, says the LORD. I will put my laws in their hearts, and I will write them on their minds." (Hebrews 10:15~16)

A new command I give you: Love one another. As I have loved you, so you must love one another. (John 13:34)

No one has ever seen God; buf if we love one another, God lives in us and his love is made complete in us. (1John 4:12)

Therefore, there is now no condemnation for those who are in Christ Jesus, because through Christ Jesus the law of the Spirit of life set me free from the law of sin and death. (Romans 8:1~2)

For sin shall not be your master, because you are not under law, but under grace. (Romans 6:14)

In him we have redemption through his blood, the forgiveness of sins, in accordance with the riches of God's grace (Ephesians 1:7)

We were therefore buried with him through baptism into death in order that, just as Christ was raised from the dead through the glory of the Father, we too may live a new life. (Romans 6:4)

This is love: not that we loved God, but that he loved us and sent his Son as an atoning sacrifice for our sins. (1John 4:10)

*1) But God demonstrates his own love for us in this: While we were still sinners, Christ died for us. (Romans 5:8)

As the Father has loved me, so have I loved you. Now remain in my love. (John 15:9)

A new command I give you: Love one another. As I have loved you, so you must love one another. My command is this: Love each other as I have loved you. (John 13:34, 15:12)

Whoever has my commands and obeys them, he is the one who loves me. He who loves me will be loved by my Father, and I too will love him and show myself to him. (John 14:21)

Those who obey his commands live in him, and he in them. And this is how we know that he lives in us: We know it by the Spirit he gave us. (1John 3:24)

I have been crucified with Christ and I no longer live, but Christ lives in me. The life I live in the body, I live by faith in the Son of God, who loved me and gave himself for me. (Galatians 2:20)

If we live, we live to the LORD; and if we die, we die to the LORD. So, whether we live or die, we belong to the LORD. (Romans 14:8)

And whatever you do, whether in word or deed, do it all in the name of the Lord Jesus, giving thanks to God the Father through him. you were bought at a price. Therefore honor God with your body.[*1] (Colossians 3:17, 1Corinthians 6:20)

*1) Therefore, I urge you, brothers, in view of God's mercy, to offer your bodies as living sacrifices, holy and pleasing to God-this is your spiritual act of worship. (Romans 12:1)

Jesus replied: "Love the Lord your God with all your heart and with all your soul and with all your mind. This is the first and greatest commandment. And the second is like it: Love your neighbor as yourself. All the Law and the Prophets hang on these two commandments." (Matthew 22:37~40)

Look in the scroll of the Lord and read: None of these will be missing, not one will lack her mate. For it is his mouth that has given the order, and his Spirit will gather them together. (Isaiah 34:16)

And I will put enmity between you[*1] and the woman, and between your offspring and hers[*2]; he will crush your head[*3], and you will strike his heel[*4]. (Genesis 3:15)

*1) The great dragon was hurled down-that ancient serpent called the devil, or Satan, who leads the whole world astray. He was hurled to the earth, and his angels with him. (Revelation 12:9)

*2) The promises were spoken to Abraham and to his seed. The Scripture does not say "and to seeds," meaning many people, but "and to your seed," meaning one person, who is Christ. (Galatians 3:16)

*3) Since the children have flesh and blood, he too shared in their humanity so that by his death he might destroy him who holds the power of death- that is, the devi- (Hebrews 2:14)
And the devil, who deceived them, was thrown into the lake of burning sulfur, where the beast and the false prophet had been thrown. They will be tormented day and night for ever and ever. (Revelation 20:10)

*4) The evening meal was being served, and the devil had already prompted Judas Iscariot, son of Simon, to betray Jesus. Then one of the Twelve-the one called Judas Iscariot-went to the chief priests and asked, "What are you willing to give me if I hand him over to you?" So they counted out for him thirty silver coins. From then on Judas watched for an opportunity to hand him over. As soon as Judas took the bread, Satan entered into him. "What you are about to do, do quickly," Jesus told him, Going at once to Jesus, Judas said, "Rabbi!" and kissed him. The men seized Jesus and arrested him. Then Jesus replied, "Have I not chosen you, the Twelve? Yet one of you is a devil!" (He meant Judas, the son of Simon Iscariot, who, though one of the Twelve, was later to betray him. (John 13:2, Matthew 26:14~16, John 13:27, 막14:45~46, John 6:70~71)

From that time on Jesus began to preach, "Repent, for the kingdom of heaven is near."[*1] (Matthew 4:17)

*1) Peter replied, Repent and be baptized, every one of you, in the name of Jesus Christ for the forgiveness of your sins. And you will receive the gift of the Holy Spirit. (Acts 2:38)

Now this is eternal life: that they may know you, the only true God,*[1] and Jesus Christ,*[2] whom you have sent. (John 17:3)

*1) As soon as Jesus was baptized, he went up out of the water. At that moment heaven was opened, and he saw the Spirit of God descending like a dove and lightning on him. And a voice from heaven said, "This is my Son, whom I love; with him I am well pleased." (Matthew 3:16~17)

*2) The word became flesh and made his dwelling among us. We have seen his glory, the glory of the One and Only, who came from the Father, full of grace and truth. (John 1:14)
For the word of God is living and active. Sharper than any double-edged sword, it penetrates even to dividing soul and spirit, joints and marrow; it judges the thoughts and attitudes of the heart. Nothing in all creation is hidden from God's sight. Everything is uncovered and laid bare before the eyes of him to whom we must give account. (Hebrews 4:12~13)
All things have been committed to me by my Father. No one knows the Son except the Father, and no one knows the Father except the Son and those to whom the Son chooses to reveal him. (Matthew 11:27)
I keep asking that the God of our Lord Jesus Christ, the glorious Father, may give you the Spirit of wisdom and revelation, so that you may know him better. (Ephesians 1:17)
But the Counselor, the Holy Spirit, whom the Father will send in my name, will teach you all things and will remind you of everything I have said to you. (John 14:26)

Not everyone who says to me, Lord, Lord, will enter the kingdom of heaven, but only he who does the will of my Father who is in heaven.[*1)] (Matthew 7:21)

*1) For my Father's will is that everyone who looks to the Son and believes In him shall have eternal life, and I will raise him up at the last day. (John 6:40)

Jesus answered, I tell you the truth, no one can enter the kingdom of God unless he is born of water[*1)] and the Spirit.[*2)] (John 3:5)

*1) and this water symbolizes baptism that now saves you also-not the removal of dirt from the body but the pledge of a good conscience toward God. It saves you by the resurrection of Jesus Christ, (1Peter 3:21)

*2) I baptize you with water for repentance. But after me will come one who Is more powerful than I, whose sandals I am not fit to carry. He will baptize you with the Holy Spirit and with fire. (Matthew 3:11)

When the day of Pentecost came, they were all together in one place. Suddenly a sound like the blowing of a violent wind came from heaven and filled the whole house where they were sitting. They saw what seemed to be tongues of fire that separated and came to rest on each of them. All of them were filled with the Holy Spirit and began to speak in other tongues as the Spirit enabled them. (Acts 2:1~4)

and asked them, "Did you receive the Holy Spirit when you believed" They answered, "No, we have not even heard that there is a Holy Spirit." So Paul asked, "Then what baptism did you receive" "John's baptism," they replied. Paul said, "John's baptism was a baptism of repentance. He told the people to believe in the one coming after him, that is, in Jesus." On hearing this, they were baptized into the name of the Lord Jesus. When Paul placed his hands on them, the Holy Spirit came on them, and they spoke in tongues and prophesied. (Acts 19:2~6)

And afterward, I will pour out my Spirit on all people. Your sons and daughters will prophesy, your old man will dream dreams, your young men will see visions. Even on my servants, both men and women, I will pour out my Spirit in those days. (Joel 2:28~29)

And you also were included in Christ when you heard the word of truth, the gospel of your salvation. Having believed,*1) you were marked in him with a seal, the promised Holy Spirit,*2) (Ephesians 1:13)

*1) That if you confess with your mouth, "Jesus is Lord," and believe in your heart that God raised him from the dead, you will be saved. For it is with your heart that you believe and are justified, and it is with your mouth that you confess and are saved. (Romans 10:9~10)
For it is by grace you have been saved, through faith-and this not from yourselves, it is the gift of God-not by works, so that no one can boast (Ephesians 2:8~9)
he saved us, not because of righteous things we had done, but because of his mercy. He saved us through the washing of rebirth and renewal by the Holy Spirit. (Titus 3:5)
and are justified freely by his grace through the redemption that came by Christ Jesus. (Romans 3:24)

*2) Do not put out the spirit's fire, And do not grieve the Holy Spirit of God, with whom you were sealed for the day of redemption. (1Thessalonians 5:19, 1Ephesians 4:30)

I tell you the truth, whoever hears my word and believes him who sent me has eternal life and will not be condemned;*1) he has crossed over from death to life.*2) (John 5:24)

*1) **11** Then I saw a great while throne and him who was seated on it. Earth and sky fled from his presence, and there was no place for them.
12 And I saw the dead, great and small, standing before the throne, and

books were opened. Another book was opened, which is the book of life. The dead were judged according to what they had done as recorded in the books.

13 The sea gave up the dead that were in it, and death and Hades gave up the dead that were in them, and each person was judged according to what he had done.

14 Then death and Hades were thrown into the lake of fire. The lake of fire is the second death.

15 If anyone's name was not found written in the book of life, he was thrown into the lake of fire. (Revelation 20:11~15)

*2) 11 And this is the testimony: God has given us eternal life, and this life is in his Son.

12 He who has the Son has life, he who does not have the Son of God does not have life. (1John 5:11~12)

Because you are sons, God sent the Spirit of his Son into our hearts, the Spirit who calls out, "Abba, Father." (Galatians 4:6)

What good is it, my brothers, if a man claims to have faith but has no deeds? Can such faith save him? You see that his faith and his actions were working together, and his faith was made complete by what he did. As the body without the spirit is dead, so faith without deeds is dead.[*1)] (James 2:14, 22, 26)

*1) The King will reply, I tell you the truth, whatever you did for one of the least of these brotheTrs of mine, you did for me. "He will reply, I tell you the truth, whatever you did not do for one of the least of these, you did not do for me. "Then they will go away to eternal punishment, but the righteous to eternal life." (Matthew 25:40, 45~46)

Nothing impure will ever enter it, nor will anyone who does what is shameful or deceitful,[*1] but only those whose names are written in the Lamb's book of life. (Revelation 21:27)

*1) The man who says, "I know him," but does not do what he commands is a liar, and the truth is not in him. (1John 2:4)

*2) A new command I give you: Love one another. As I have loved you, so you must love one another. (John 13:34)
Whoever has my commands and obeys them, he is the one who loves me. He who loves me will be loved by my Father, and I too will love him and show myself to him. (John 14:21)
Those who obey his commands live in him, and he in them. And this is how we know that he lives in us: We know it by the Spirit he gav us. (1John 3:24)
Everyone who believes that Jesus is the Christ is born of God, and everyone who loves the father loves his child as well. for everyone born of God overcomes the world. This is the victory that has overcome the world, even our faith. Who is it that overcomes the world? Only he who believes that Jesus is the Son of God. (1John 5:1,4~5)
He who overcomes will, like them, be dressed in white. I will never blot out his name from the book of life, but will acknowledge his name before my Father and his angels. (Revelation 3:5)

16 For the Lord himself will come down from heaven, with a loud command, with the voice of the archangel and with the trumpet call of God, and the dead in Christ will rise first.

17 After that, we who are still alive[*1] and are left will be caught up together with them in the clouds to meet the Lord in the air.[*2] And so we will be with the Lord forever. (1Thessalonians 4:16~17)

*1) who, by the power that enables him to bring everything under his control, will transform our lowly bodies so that they will be like his golorious body. (Philippians 3:21)

*2) Then they heard a loud voice from heaven saying to them, "Come up here." And they went up to heaven in a cloud, while their enemies looked on. (Revelation 11:12)

〈Be always on the watch, and pray〉

34 Be careful, or your hearts will be weighed down with dissipation, drunkenness and the anxieties of life, and that day will close on you unexpectedly like a trap.

35 For it will come upon all those who live on the face of the whole earth.

36 Be always on the watch, and pray that you may be able to escape all that is about to happen, and that you may be able to stand before the Son of Man.[*1)] (Luke 21:34~36)

*1) **4** But you, brothers, are not in the darkness so that this day should surprise you like a thief.

5 You are all sons of the light and sons of the day. We do not belong to the night or to the darkness.

6 So then, let us not be like others, who are asleep, but let us be alert and self-controlled. (Thessalonians 5:4~6)

Editor Younggil Kim

January 27, 2026

Contents

제3장

용을 잡으니 곧 옛 뱀이요 마귀요 사탄이라

He seized the dragon, that ancient serpent, who is the devil, or Satan

제4장

하나님의 입으로부터 나오는 모든 말씀으로 살 것이라

but on every word that comes from the mouth of God

제5장

믿음의 결국 곧 영혼의 구원을 받음이라

for you are receiving the goal of your faith, the salvation of your souls

제6장

사람이 물과 성령으로 나지 아니하면 하나님의 나라에 들어갈 수 없느니라

no one can enter the kingdom of
God unless he is born of water and the Spirit

제1장

하나님의 날이 임하기를 바라보고 간절히 사모하라

as you look forward to the day of God and speed its coming

1. 하나님의 날

The Day of God

1 사랑하는 자들아 내가 이제 이 둘째 편지를 너희에게 쓰노니 이 두 편지로 너희의 진실한 마음을 일깨워 생각나게 하여

1 Dear friends, this is now my second letter to you. I have written both of them as reminders to stimulate you to wholesome thinking.

2 곧 거룩한 선지자들이 예언한 말씀과 주 되신 구주께서 너희의 사도들로 말미암아 명하신 것을 기억하게 하려 하노라

2 I want you to recall the words spoken in the past by the holy prophets and the command given by our Lord and Savior through your apostles.

3 먼저 이것을 알지니 말세에 조롱하는 자들이 와서 자기의 정욕을 따라 행하며 조롱하여

3 First of all, you must understand that in the last days scoffers will come, scoffing and following their own evil desires.

4 이르되 주께서 강림하신다는 약속이 어디 있느냐*1) 조상들이 잔 후로 부터 만물이 처음 창조될 때와 같이 그냥 있다 하니

4 They will say, "Where is this coming he promised? Ever since our fathers died, everything goes on as it has since the beginning of creation."

*1) 9 이 말씀을 마치시고 그들이 보는데 올려져 가시니 구름이 그를 가리어 보이지 않게 하더라

9 After he said this, he was taken up before their very eyes, and a cloud hid him from their sight.

10 올라가실 때에 제자들이 자세히 하늘을 쳐다보고 있는데 흰옷 입은 두 사람이 그들 곁에 서서

10 They were looking intently up into the sky as he was going, when suddenly two men dressed in white stood beside them.

- **갈릴리 사람들아 어찌하여 서서 하늘을 쳐다보느냐**
- **너희 가운데서 하늘로 올려지신 이 예수는 하늘로 가심을 본 그대로 오시리라**

11 이르되 갈릴리 사람들아 어찌하여 서서 하늘을 쳐다보느냐 너희 가운데서 하늘로 올려지신 이 예수는 하늘로 가심을 본 그대로 오시리라 하였느니라 (행1:9~11)

11 "Men of Galilee," they said, "why do you stand here looking into the sky? This same Jesus, who has been taken from you into. heaven, will come back in the same way you have seen him go. into heaven." (Acts 1:9~11)

5 이는 하늘이 옛적부터 있는 것과 땅이 물에서 나와 물로 성립된 것도 하나님의 말씀으로 된 것을 그들이 일부러 잊으려 함이로다

5 But they deliberately forget that long ago by God's word the heavens existed and the earth was formed out of water and by water.

6 이로 말미암아 그때에 세상은 물이 넘침으로 멸망하였으되

6 By these waters also the world of that time was deluged and de-
stroyed.

7 이제 하늘과 땅은 그 동일한 말씀으로 불사르기 위하여 보호하신 바
되어 경건하지 아니한 사람들의 심판과 멸망의 날까지 보존하여 두
신 것이니라

7 By the same word the present heavens and earth are reserved for
fire, being kept for the day of judgment and destruction of ungod-
ly men.

8 사랑하는 자들아 주께는 하루가 천 년 같고 천 년이 하루 같다는 이
한 가지를 잊지 말라

8 But do not forget this one thing, dear friends: With the Lord a day
is like a thousand years, and a thousand years are like a day.

▪ **주의 약속은 어떤 이들이 더디다고 생각하는 것같이 더딘 것이 아니라 오직 주께서는 너희를 대하여 오래 참으사 아무도 멸망하지 아니하고 다 회개하기에 이르기를 원하시니라**

▪ **The Lord is not slow in keeping his promise, as some understand slowness, He is patient with you, not wanting anyone to perish, but everyone to come to repentance.**

9 주의 약속은 어떤 이들이 더디다고 생각하는 것같아 더딘 것이 아니
라 오직 주께서는 너희를 대하여 오래 참으사 아무도 멸망하지 아니
하고 다 회개하기에 이르기를 원하시느니라

9 The Lord is not slow in keeping his promise, as some understand

slowness, He is patient with you, not wanting anyone to perish,
but everyone to come to repentance.

▪ **그러나 주의 날이 도둑같이 오리니**

▪ **But the day of the LORD will come like a thief.**

10 그러나 주의 날이 도둑같이 오리니 그날에는 하늘이 큰 소리로 떠
나가고 물질이 뜨거운 불에 풀어지고 땅과 그 중에 있는 모든 일이
드러나리로다

10 But the day of the LORD will come like a thief. The heavens will
disappear with a roar; the elements will be destroyed by fire, and
the earth and everything in it will be laid bare.

▪ **너희가 어떠한 사람이 되어야 마땅하냐 거룩한 행실과 경건함으로**

11 이 모든 것이 이렇게 풀어지리니 너희가 어떠한 사람이 되어야 마
땅하냐 거룩한 행실과 경건함으로

11 Since everything will be destroyed in this way, what kind of peo-
ple ought you to be? You ought to live holy and godly lives

● 하나님의 날이 임하기를 바라보고 간절히 사모하라

● as you look forward to the day of God and speed its coming.

▪ **하나님의 날이 임하기를 바라보고 간절히 사모하라**

▪ **as you look forward to the day of God and speed its coming.**

12 하나님의 날이 임하기를 바라보고 간절히 사모하라 그날에 하늘이
불에 타서 풀어지고 물질이 뜨거운 불에 녹아지려니와

12 as you look forward to the day of God and speed its coming. That

day will bring about the destruction of the heavens by fire, and the elements will melt in the heat.

- **우리는 그의 약속대로 의가 있는 곳인 새 하늘과 새 땅을 바라보도다**
- **But in keeping with his promise we are looking forward to a new heaven and a new earth, the home of righteousness.**

13 우리는 그의 약속대로 의가 있는 곳인 새 하늘과 새 땅을 바라보도다*1)

13 But in keeping with his promise we are looking forward to a new heaven and a new earth, the home of righteousness.

*1) ■ **또 내가 새 하늘과 새 땅을 보니**

1 또 내가 새 하늘과 새 땅을 보니 처음 하늘과 처음 땅이 없어졌고 바다도 다시 있지 않더라

1 Then I saw a new heaven and a new earth, for the first heaven and the first earth had passed away, and there was no longer any sea.

2 또 내가 보매 거룩한 성 새 예루살렘이 하나님께로부터 하늘에서 내려오니 그 준비한 것이 신부가 남편을 위하여 단장한 것 같더라

2 I saw the Holy City, the new Jerusalem, coming down out of heaven from God, prepared as a bride beautifully dressed for her husband.

3 내가 들으니 보좌에서 큰 음성이 나서 이르되 보라 하나님의 장막이 사람들과 함께 있으매 하나님이 그들과 함께 계시리니 그들은 하나님의 백성이 되고 하나님은 친히 그들과 함께 계셔서

3 And I heard a loud voice from the throne saying, Now the dwelling of God is with men, and he will live with them. They will be his people, and God himself will be with them and be their God.

4 모든 눈물을 그 눈에서 닦아 주시니 다시는 사망이 없고 애통하는 것이나 곡하는 것이나 아픈 것이 다시 있지 아니하리니 처음 것들이 다

지나갔음이러라 (계21:1~4)

4 He will wipe every tear from their eyes. There will be no more death or mourning or crying or pain, for the old order of things has passed away. (Revelation 21:1~4)

- **주 앞에서 점도 없고 흠도 없이 평강 가운데서 나타나기를 힘쓰라**
- **make every effort to be found spotless, blameless and at peace with him.**

14 그러므로 사랑하는 자들아 너희가 이것을 바라보나니 주 앞에서 점도 없고 흠도 없이 평강 가운데서 나타나기를 힘쓰라

14 So then, dear friends, since you are looking forward to this, make every effort to be found spotless, blameless and at peace with him.

- **또 우리 주의 오래 참으심이 구원이 될 줄로 여기라**
- **Bear in mind that our Lord's patience means salvation,**

15 또 우리 주의 오래 참으심이 구원이 될 줄로 여기라 우리가 사랑하는 형제 바울도 그 받은 지혜대로 너희에게 이같이 썼고

15 Bear in mind that our Lord's patience means salvation, just as our dear brother Paul also wrote you with the wisdom that God gave him.

16 또 그 모든 편지에도 이런 일에 관하여 말하였으되 그 중에 알기 어려운 것이 더러 있으니 무식한 자들과 굳세지 못한 자들이 다른 성경과 같이 그것도 억지로 풀다가 스스로 멸망에 이르느니라

16 He writes the same way in all his letters, speaking in them of these matters. His letters contain some things that are hard to under-

stand, which ignorant and unstable people distort, as they do the
other Scriptures, to their own destruction.

17 그러므로 사랑하는 자들아 너희가 이것을 미리 알았은즉 무법한 자
들의 미혹에 이끌려 너희가 굳센 데서 떨어질까 삼가라

17 Therefore, dear friends, since you already know this, be on your
guard so that you may not be carried away by the error of lawless
men and fall from your secure position.

- **오직 우리 주 곧 구주 예수 그리스도의 은혜와 그를 아는 지식에서 자라 가라 영광이 이제와 영원한 날까지 그에게 있을 지어다**
- **But grow in the grace and knowledge of our Lord and Savior Jesus Christ. To him be glory both now and forever! Amen.**

18 오직 우리 구주 예수 그리스도의 은혜와 그를 아는 지식에서 자라
가라 영광이 이제와 영원한 날까지 그에게 있을 지어다 (벧후 3:1~18)

18 But grow in the grace and knowledge of our Lord and Savior Je-
sus Christ. To him be glory both now and forever! Amen. (2 Peter
3:1~18)

2. 예루살렘의 환난과 인자의 오심

Jerusalem being surrounded by armies

● 예루살렘의 환난과 인자의 오심

20 너희가 예루살렘이 군대들에게 에워싸이는 것을 보거든*1) 그 멸망이 가까운 줄을 알라

20 When you see Jerusalem being surrounded by armies, you will know that its desolation is near.

*1) 날이 이를지라 네 원수들이 토둔을 쌓고 너를 둘러 사면으로 가두고 (눅 19:43)

The days will come upon you when your enemies will build an embankment against you and encircle you and hem you in on every side. (Luke 19:43)

1 너 인자야 토판을 가져다가 그것을 네 앞에 놓고 한 성읍 곧 예루살렘을 그 위에 그리고

1 Now, son of man, take a clay tablet, put it in front of you and draw the city of Jerusalem on it.

2 그 성읍을 에워싸되 그것을 향하여 사다리를 세우고 그것을 향하여 흙으로 언덕을 쌓고 그것을 향하여 진을 치고 그것을 향하여 공성퇴를 둘러 세우고

2 Then lay siege to it: Erect siege works against it, build a ramp up to it, set up camps against it and put battering rams around it.

■ **이것이 이스라엘 족속에게 징조가 되리라**

■ **This will be a sign to the house of Israel.**

3 또 철판을 가져다가 너와 성읍 사이에 두어 철벽을 삼고 성을 포위하는

것처럼 에워싸라 이것이 이스라엘 족속에게 징조가 되리라 (겔4:1~3)

3 Then take an iron pan, place it as an iron wall between you and the city and turn your face toward it. It will be under siege, and you shall besiege it. This will be a sign to the house of Israel. (Ezekiel 4:1~3)

21 그때에 유대에 있는 자들은 산으로 도망갈 것이며 성내에 있는 자들은 나갈 것이며 촌에 있는 자들은 그리로 들어가지 말지어다

21 Then let those who are in Judea flee to the mountains, let those in the city get out, and let those in the country not enter the city.

▪ 이날들은 기록된 모든 것을 이루는 징벌의 날이니라

22 이날들은 기록된 모든 것을 이루는 징벌의 날이니라

22 For this is the time of punishment in fulfillment of all that has been written.

23 그날에는 아이밴 자들과 젖먹이는 자들에게 화가 있으리니 이는 땅에 큰 환난과 이 백성에게 진노가 있겠음이로다

23 How dreadful it will be in those days for pregnant women and nursing mothers! There will be great distress in the land and wrath against this people.

24 그들이 칼날에 죽임을 당하며 모든 이방에 사로잡혀 가겠고 예루살렘은 이방인의 때가 차기까지 이방인들에게 밟힐지라

24 They will fall by the sword and will be taken as prisoners to all the nations, Jerusalem will be trampled on by the Gentiles until the times of the Gentiles are fulfilled.

25 일월 성신에는 징조가 있겠고 땅에서는 민족들이 바다와 파도의 성
난 소리로 인하여 혼란한 중에 곤고하리라
25 There will be signs in the sun, moon and stars. On the earth, na-
tions will be in anguish and perplexity at the roaring and tossing
of the sea.
26 사람들이 세상에 임할 일을 생각하고 무서워하므로 기절하리니 이
는 하늘의 권능들이 흔들리겠음이라
26 Men will faint from terror, apprehensive of what is coming on the
world, for the heavenly bodies will be shaken.

- **그때에 사람들이 인자가 구름을 타고 능력과 큰 영광으로 오는 것을 보리라**

27 그때에 사람들이 인자가 구름을 타고 능력과 큰 영광으로 오는 것
을 보리라
27 At that time they will see the Son of Man coming in a cloud with
power and great glory.

- **이런 일이 되기를 시작하거든 머리를 들라 너희 속량이 가까웠느니라**

28 이런 일이 되기를 시작하거든 일어나 머리를 들라 너희 속량이 가
까웠느니라 하시더라(눅21:20~28)
28 When these things begin to take place, stand up and lift up your
heads, because your redemption is drawing near. (Luke 21:20~28)

● 인자가 오는 것을 보리라

● They will see the Son of Man coming

▪ **그날 환난 후에 즉시 해가 어두워지며 달이 빛을 내지 아니하며 별들 이 하늘에서 떨어지며 하늘의 권능들이 흔들리리라**

29 그날 환난 후에 즉시 해가 어두워지며 달이 빛을 내지 아니하며 별
들이 하늘에서 떨어지며 하늘의 권능들이 흔들리리라

29 Immediately after the distress of those days the sun will be darkened, and the moon will not give its light; the stars will fall from the sky, and the heavenly bodies will be shaken.

▪ **그때에 인자의 징조가 하늘에서 보이겠고**

▪ **At that time the sign of the Son of Man will appear in the sky,**

▪ **그들이 인자가 구름을 타고 능력과 큰 영광으로 오는 것을 보리라**

▪ **They will see the Son of Man coming on the clouds of the sky, with power and great glory.**

30 그때에 인자의 징조가 하늘에서 보이겠고 그때에 땅의 모든 족속들
이 통곡하며 그들이 인자가 구름을 타고 능력과 큰 영광으로 오는
것을 보리라

30 At that time the sign of the Son of Man will appear in the sky, and all the nations of the earth will mourn. They will see the Son of Man coming on the clouds of the sky, with power and great glory.

▪ **그가 큰 나팔소리와 함께 천사들을 보내리니 그들이 그의 택하신 자들 을 하늘 이 끝에서 저 끝까지 사방에서 모으리라**

31 그가 큰 나팔소리와 함께 천사들을 보내리니 그들이 그의 택하신
자들을 하늘 이 끝에서 저 끝까지 사방에서 모으리라 (마24:29~31)

31 And he will send his angels with a loud trumpet call, and they will

gather his elect from the four winds, from one end of the heavens to the other. (Matthew 24:29~31)

- **그후에는 마지막이니 그가 모든 통치와 모든 권세와 능력을 멸하시고 나라를 아버지 하나님께 바칠 때라**

그후에는 마지막이니 그가 모든 통치와 모든 권세와 능력을 멸하시고 나라를 아버지 하나님께 바칠 때라 (고전15:24)

Then the end will come, When he hands over the kingdom to God the Father after he has destroyed all dominion, authority and power. (1 Corinthians 15:24)

그에게 권세와 영광과 나라를 주고 모든 백성과 나라들과 다른 언어를 말하는 모든 자들이 그를 섬기게 하였으니 그의 권세는 소멸되지 아니하는 영원한 권세요 그의 나라는 멸망하지 아니할 것이니라 (단 7:14)

He was given authority, glory and sovereign power; all peoples, nations and men of every language worshiped him. His dominion is an everlasting dominion that will not pass away, and his kingdom is one that will never be destroyed. (Daniel (7:14)

- **일곱째 천사가 나팔을 불매 하늘에서 큰 음성이 나서 이르되 세상 나라가 우리 주와 그의 그리스도의 나라가 되어 그가 세세토록 왕 노릇 하시리로다**

일곱째 천사가 나팔을 불매 하늘에서 큰 음성이 나서 이르되 세상 나라가 우리 주와 그의 그리스도의 나라가 되어 그가 세세토록 왕 노릇 하시리로다 (계11:15)

The seventh angel sounded his trumpet, and there were loud voices in heaven, which said: "The kingdom of the world has become the kingdom of our Lord and of his Christ, and he will reign for ever and ever" (Revelation 11:15)

- **이 여러 왕들의 시대에 하늘의 하나님이 한 나라를 세우시리니 이것은 영원히 망하지도 아니할 것이요 그 국권이 다른 백성에게로 돌아가지도 아니할 것이요 도리어 이 모든 나라를 쳐서 멸망시키시고 영원히 설 것이라**

이 여러 왕들의 시대에 하늘의 하나님이 한 나라를 세우시리니 이것은 영원히 망하지도 아니할 것이요 그 국권이 다른 백성에게로 돌아가지도 아니할 것이요 도리어 이 모든 나라를 쳐서 멸망시키시고 영원히 설 것이라 (단2:44)

In the time of those kings, the God of heaven will set up a kingdom that will never be destroyed, nor will it be left to another people. It will crush all those kingdoms and bring them to an end, but it will itself endure forever. (Daniel 2:44)

- **노아가 방주에 들어가던 날까지 사람들이 먹고 마시고 장가들고 시집가더니 홍수가 나서 그들을 다 멸망시켰으며**

27 노아가 방주에 들어가던 날까지 사람들이 먹고 마시고 장가들고 시집가더니 홍수가 나서 그들을 다 멸망시켰으며

27 People were eating, drinking, marrying and being given in marriage up to the day Noah entered the ark. Then the flood came and destroyed them all.

▪ **또 롯의 때와 같으리니 사람들이 먹고 마시고 사고 팔고 집을 짓더니**

28 또 롯의 때와 같으리니 사람들이 먹고 마시고 사고 팔고 심고 집을 짓더니

28 It was the same in the days of Lot. People were eating and drinking, buying and selling, planting and building.

▪ **롯이 소돔에서 나가던 날에 하늘로부터 불과 유황이 비오듯 하여 그들을 멸망시켰느니라**

29 롯이 소돔에서 나가던 날에 하늘로부터 불과 유황이 비오듯 하여 그들을 멸망시켰느니라

29 But the day Lot left Sodom, fire and sulfur rained down from heaven and destroyed them all.

▪ **인자가 나타나는 날에도 이러하리라**

30 인자가 나타나는 날에도 이러하리라 (눅17:27~30)

30 It will be just like this on the day the Son of Man is revealed. (Luke 17:27~30)

3. 항상 기도하며 깨어 있으라

Be always on the watch, and pray

● 항상 기도하며 깨어 있으라

● Be always on the watch, and pray

▪ 너희는 스스로 조심하라

▪ 그렇지 않으면 방탕함과 술취함과 생활의 염려로 마음이 둔하여지고

▪ 뜻밖에 그날이 덫과 같이 너희에게 임하리라

34 너희는 스스로 조심하라 그렇지 않으면 방탕함과 술취함과 생활의 염려로 마음이 둔하여지고 뜻밖에 그날이 덫과 같이 너희에게 임하리라

34 Be careful, or your hearts will be weighed down with dissipation, drunkenness and the anxieties of life, and that day will close on you unexpectedly like a trap.

▪ 이날은 온 지구상에 거하는 모든 사람에게 임하리라

35 이날은 온 지구상에 거하는 모든 사람에게 임하리라

35 For it will come upon all those who live on the face of the whole earth.

▪ 이러므로 너희는 장차 올 이 모든 일을 능히 피하고 인자 앞에 서도록 항상 기도하며 깨어 있으라

36 이러므로 너희는 장차 올 이 모든 일을 능히 피하고 인자 앞에 서도록 항상 기도하며 깨어 있으라 (눅21:34~36)

36 Be always on the watch, and pray that you may be able to escape
all that is about to happen, and that you may be able to stand be-
fore the Son of Man. (Luke 21:34~36)

● **너희는 어둠에 있지 아니하매 그날이 도둑같이 너희에게 임하지 못하리니**

● **You are not in darkness so that this day should surprise you like a thief.**

1 형제들아 때와 시기에 관하여는 너희에게 쓸 것이 없음은
1 Now, brothers, about times and dates we do not need to write to
you,

▪ **주의 날이 도둑같이 이를 줄을 너희 자신이 자세히 알기 때문이라**

2 주의 날이 도둑같이 이를 줄을 너희 자신이 자세히 알기 때문이라
2 for you know very well that the day of the LORD will come like a
thief in the night.

▪ **멸망이 갑자기 그들에게 이르리니 결코 피하지 못하리라**

3 그들이 평안하다, 안전하다 할 그때에 임신한 여자에게 해산의
고통이 이름과 같이 멸망이 갑자기 그들에게 이르리니 결코 피하지
못하리라
While people are saying "peace and safety," destruction will come
on them suddenly, as labor pains on pregnant women, and they
will not escape.

▪ **형제들아 너희는 어둠에 있지 아니하매**

▪ **그날이 도둑같이 너희에게 임하지 못하리니**

4 형제들아 너희는 어둠에 있지 아니하매 그날이 도둑같이 너희에게
임하지 못하리니

4 But you, brothers, are not in darkness so that this day should
surprise you like a thief.

▪ **너희는 다 빛의 아들이요 낮의 아들이라**

▪ **우리가 밤이나 어둠에 속하지 아니하나니**

5 너희는 다 빛의 아들이요 낮의 아들이라 우리가 밤이나 어둠에
속하지 아니하나니

5 You are all sons of the light and sons of the day. We do not belong
to the night or to the darkness.

▪ **그러므로 우리는 다른 이들과 같이 자지 말고**
오직 깨어 정신을 차릴지라

6 그러므로 우리는 다른 이들과 같이 자지 말고 오직 깨어 정신을
차릴지라

6 So then, let us not be like others, who are asleep, but let us be alert
and self-controled.

7 자는 자들은 밤에 자고 취하는 자들은 밤에 취하되

7 For those who sleep, sleep at night, and those who get drunk, get
drunk at night.

▪ **우리는 낮에 속하였으니 정신을 차리고**
믿음과 사랑의 호심경을 붙이고 구원의 소망의 투구를 쓰자

8 우리는 낮에 속하였으니 정신을 차리고 믿음과 사랑의 호심경을
붙이고 구원의 소망의 투구를 쓰자

8 But since we belong to the day, let us be self-controled, putting on
faith and love as a breastplate and the hope of salvation as a helmet.

- **하나님이 우리를 세우심은 노하심에 이르게 하심이 아니요 오직 우리 주 예수 그리스도로 말미암아 구원을 받게 하심이라**

9 하나님이 우리를 세우심은 노하심에 이르게 하심이 아니요 오직
우리 주 예수 그리스도로 말미암아 구원을 받게 하심이라

9 For God did not appoint us to suffer wrath but to receive salvation
through our Lord Jesus Christ.

- **예수께서 우리를 위하여 죽으사 우리로 하여금 깨어 있든지 자든지 자기와 함께 살게 하려 하셨느니라**

10 예수께서 우리를 위하여 죽으사 우리로 하여금 깨어 있든지 자든지
자기와 함께 살게 하려 하셨느니라

10 He died for us so that, whether we are awake or asleep, we may
live together with him.

- **그러므로 피차 권면하고 서로 덕을 세우기를 너희가 하는 것같이 하라**

11 그러므로 피차 권면하고 서로 덕을 세우기를 너희가 하는 것같이
하라 (살전5:1~11)

11 Therefore encourage one another and build each other up, just as
in fact you are doing. (Thessalonians 5:1~11)

제2장

하나님이 하신다

God does everything

1. 내가 내려가서 그들을 애굽인의 손에서 건져내고

So I have come down to rescue them from the hand of the Egyptians

● 내가 내려가서 그들을 애굽인의 손에서 건져내고

8 내가 내려가서 그들을 애굽인의 손에서 건져내고 그들을 그 땅에서
인도하여 아름답고 광대한 땅, 젖과 꿀이 흐르는 땅 곧 가나안 족속,
헷 족속, 아모리 족속, 브리스 족속, 히위 족속, 여부스 족속의 지방
에 데려가려 하노라

8 So I have come down to rescue them from the hand of the Egyp-
tians and to bring them up out of that land into a good and spa-
cious land, a land flowing with milk and honey the home of the
Canaanites, Hittites, Amorites, Perzzites, Hivites and Jebusites,

▪ 이제 가라

9 이제 가라 이스라엘 자손의 부르짖음이 내게 달하고 애굽 사람이 그
들을 괴롭히는 학대도 내가 보았으니

9 And now the cry of the Israelites has reached me, and I have seen

the way the Egyptians are oppressing them.

- **이제 내가 너를 바로에게 보내어 너에게 내 백성 이스라엘 자손을 애굽에서 인도하여 내게 하리라**

10 이제 내가 너를 바로에게 보내어 너에게 내 백성 이스라엘 자손을
애굽에서 인도하여 내게 하리라

10 So now, go. I am sending you to Pharaoh to bring my people the
Israelites out of Egypt.

11 모세가 하나님께 아뢰되 내가 누구이기에 바로에게 가며 이스라엘
자손을 애굽에서 인도하여 내리이까

11 But Moses said to God, "Who am I, that I should go to Pharaoh
and bring the Israelites out of Egypt?"

- **하나님이 이르시되 내가 반드시 너와 함께 있으리라**

12 하나님이 이르시되 내가 반드시 너와 함께 있으리라 네가 그 백성
을 애굽에서 인도하여 낸 후에 너희가 이 산에서 하나님을 섬기리
니 이것이 내가 너를 보낸 증거니라

- **And God said, I will be with you**

12 And God said, "I will be with you. And this will be the sign to you
that it is I Who have sent you: When you have brought the peo-
ple out of Egypt, You will worship God on this mountain.

- **모세가 하나님께 아뢰되**

13 모세가 하나님께 아뢰되 내가 이스라엘 자손에게 가서 이르기를 너
희의 조상의 하나님이 나를 너희에게 보내셨다 하면 그들이 내게
묻기를 그의 이름이 무엇이냐 하리니 내가 무엇이라고 그들에게 말

하리이까

13 Moses said to God, "Suppose I go to the Israelites and say to them,
The God of your fathers has sent me to you, and they ask me,
What is his name? Then what shall I tell them?"

- **하나님이 모세에게 이르시되 나는 스스로 있는 자이니라**
- **God said to Moses, I AM WHO I AM.**

14 하나님이 모세에게 이르시되 나는 스스로 있는 자이니라 또 이르시
되 너는 이스라엘 자손에게 이같이 이르기를 스스로 있는 자가 나
를 너희에게 보내셨다 하라 (출3:8~14)

14 God said to Moses, "I AM WHO I AM. This is what you are to say
to the Israelites: I AM has sent me to you." (Exodus 3:8~14)

2. 여호와께서 요셉과 함께하시므로 그가 형통한 자가 되어

The Lord was with Joseph and he prospered

Part 2

● 여호와께서 요셉과 함께하시므로 그가 형통한 자가 되어

2 여호와께서 요셉과 함께하시므로 그가 형통한 자가 되어 그의 주인
애굽 사람의 집에 있으니

2 The Lord was with Joseph and he prospered, and he lived in the
house of his Egyptian master.

▪ 그의 주인이 여호와께서 그와 함께하심을 보며

3 그의 주인이 여호와께서 그와 함께하심을 보며 또 여호와께서 그의
범사에 형통하게 하심을 보았더라

3 When his master saw that the Lord was with him and that the Lord
gave him success in everything he did,

▪ 요셉이 그의 주인에게 은혜를 입어 섬기매 그가 요셉을 가정 총무로 삼고 자기의 소유를 다 그의 손에 위탁하니

4 요셉이 그의 주인에게 은혜를 입어 섬기매 그가 요셉을 가정 총무로
삼고 자기의 소유를 다 그의 손에 위탁하니

4 Joseph found favor in his eyes and became his attendant. Potiphar
put him in charge of his household, and he entrusted to his care
everything he owned.

5 그가 요셉에게 자기의 집과 그의 모든 소유물을 주관하게 한 때부터
여호와께서 요셉을 위하여 그 애굽 사람의 집에 복을 내리시므로 여

호와의 복이 그의 집과 밭에 있는 모든 소유에 미친지라 (창39:2~5)

5 From the time he put him in charge of his household and of all that he owned, the Lord blessed the household of the Egyptians because of Joseph. The blessing of the Lord was on everything Potiphar had, both in the house and in the field. (Genesis 39:2~5)

■ **사람이 마음으로 자기의 길을 계획할지라도**

사람이 마음으로 자기의 길을 계획할지라도 그의 걸음을 인도하시는 이는 여호와시니라 (잠16:9)

In his heart a man plans his course, but the Lord determines his steps. (Proverbs 16:9)

■ **너희 안에서 행하시는 이는 하나님이시니**

13 너희 안에서 행하시는 이는 하나님이시니 자기의 기쁘신 뜻을 위하여 너희에게 소원을 두고 행하게 하시나니

13 for it is God who works in you to will and to act according to his good purpose.

14 모든 일을 원망과 시비가 없이 하라 (빌2;13~14)

14 Do everything without complaining or arguing. (Philippians 2:13~14)

3. 이에 여호와의 영이 입다에게 임하시니

Then the Spirit of the Lord came upon Jephthah

Part 2

● 이에 야호와의 영이 입다에게 임하시니

29 이에 여호와의 영이 입다에게 임하시니 입다가 길르앗과 므낫세를
지나서 길르앗의 미스베에 이르고 길르앗의 미스베에서부터 암몬
자손에게로 나아갈 때에

29 Then the Spirit of the Lord came upon Jephthah. He crossed Gil-
ead and Manasseh, passed through Mizpah of Gilead, and from
there he advanced against the Ammonites.

▪ 그가 여호와께 서원하여 이르되

30 그가 여호와께 서원하여 이르되 주께서 과연 암몬 자손을 내 손에
넘겨 주시면

30 And Jephthah made a vow to the LORD: If you give the Ammo-
nites into my hands,

▪ 내가 그를 번제물로 드리겠나이다

31 내가 암몬 자손에게서 평안히 돌아올 때에 누구든지 내 집 문에서
나와서 나를 영접하는 그는 여호와께 돌릴 것이니 내가 그를 번제
물로 드리겠나이다 하니라

31 whatever comes out of the door of my house to meet me when
I return in triumph from the Ammonites will be the Lord's, and I
will sacrifice it as a burnt offering.

32 이에 입다가 암몬 자손에게 이르러 그들과 싸우더니 여호와께서 그
들을 그의 손에 넘겨주시매
32 Then Jephthah went over to fight the Ammonites, and the Lord
gave them into his hands.
33 아로엘에서부터 민닛에 이르기까지 이십 성읍을 치고 또 아벨 그라
밈까지 매우 크게 무찌르니 이에 암몬 자손이 이스라엘 자손 앞에
항복하였더라
33 He devastated twenty towns from Aroer to the vicinity of Minnith,
as far as Abel Keramim, Thus Israel subdued Anmon.

- **자기 집에 이를 때에 보라 그의 딸이 소고를 잡고 춤추며 나와서 영접 하니 이는 그의 무남독녀라**

34 입다가 미스바에 있는 자기 집에 이를 때에 보라 그의 딸이 소고를
잡고 춤추며 나와서 영접하니 이는 그의 무남독녀라
34 When Jephthah returned to his home in Mizpah, who should
come out to meet him but his daughter, dancing to the sound of
tambourines! She was an only child. Except for her he had nei-
ther son nor daughter.
35 입다가 이를 보고 자기 옷을 찢으며 이르되 어찌할꼬 내 딸이여 너
는 나를 참담하게 하는 자요 너는 나를 괴롭게 하는 자 중의 하나로
다 내가 여호와를 향하여 입을 열었으니 능히 돌이키지 못하리로다
하니
35 When he saw her, he tore his clothes and cried, "Oh! my daugh-
ter! You have made me miserable and wretched, because I have

made a vow to the LORD that I cannot break."

36 딸이 그에게 이르되 나의 아버지여 아버지께서 여호와를 향하여 입
을 여셨으니 아버지의 입에서 낸 말씀대로 내게 행하소서 이는 여
호와께서 아버지를 위하여 아버지의 대적 암몬 자손에게 원수를 갚
으셨음이니이다 하니라

36 "My father," she replied, you have given your word to the LORD.
Do to me just as you promised, now that the Lord has avenged
you of your enemies, the Ammonites.

37 또 그의 아버지께 이르되 이 일만 내게 허락하사 나를 두 달만 버려
두소서 내가 내 여자 친구들과 산에 가서 나의 처녀로 죽음을 인하
여 애곡하겠나이다 하니

37 But grant me this one request, she said. "Give me two months to
roam the hills and weep with my friends, because I will never
marry."

38 그가 이르되 가라 하고 두 달을 기한하고 그를 보내니 그가 그 여자
친구들과 가서 산 위에서 처녀로 죽음을 인하여 애곡하고

38 "You may go," he said. And he let her go for two months. She and
the girls went into the hills and wept because she would never
marry.

▪ 그는 자기가 서원한 대로 딸에게 행하니

39 두 달 만에 그의 아버지에게로 돌아온지라 그는 자기가 서원한 대
로 딸에게 행하니 딸이 남자를 알지 못하였더라 이것이 이스라엘
에 관습이 되어

39 After the two months, she returned to her father and he did to
her as he had vowed. And she was a virgin. From this comes the
Israelite custom
40 이스라엘의 딸들이 해마다 가서 길르앗 사람 입다의 딸을 위하여
나흘씩 애곡하더라 (삿11:29~40)
40 that each year the young women of Israel go out for four days to
commemorate the daughter of Jephthah the Gileadite. (Judges
11:29~40)

- **그의 마음에 서원한 것은 해로울지라도 변하지 아니하며**

그의 눈은 망령된 자를 멸시하며 여호와를 두려워하는 자들을 존대하며 그의 마음에 서원한 것은 해로울지라도 변하지 아니하며 (시15:4)

who despises a vile man but honors those who fear the Lord, who keeps his oath even when it hurts, (Psalms 15:4)

4. 두려워하지 말라 내가 너와 함께함이라

So do not fear, for I am with you

- **두려워하지 말라 내가 너와 함께함이라**
- **놀라지 말라 나는 네 하나님이 됨이라**
- **내가 너를 굳세게 하리라 참으로 너를 도와 주리라**
- **나의 의로운 오른손으로 너를 붙들리라 ⊠**

10 두려워하지 말라 내가 너와 함께함이라 놀라지 말라 나는 네 하나
님이 됨이라 내가 너를 굳세게 하리라 참으로 너를 도와 주리라 참으
로 나의 의로운 오른손으로 너를 붙들리라

● **The Helper of Israel**

- **So do not fear, for I am with you;**
- **do not be dismayed, for I am your God.**
- **I will strengthen you and help you;**
- **I will uphold you with my righteous right hand.**

10 So do not fear, for I am with you: do not be dismayed, for I am
your God. I will strengthen you and help you; I will uphold you
with my righteous right hand.

11 보라 네게 노하던 자들이 수치와 욕을 당할 것이요 너와 다투는 자
들이 아무것도 아닌 것같이 될 것이며 멸망할 것이라

11 All who rage against you will surely be ashamed and disgraced;
those who oppose you will be as nothing and perish.

12 네가 찾아도 너와 싸우던 자들을 만나지 못할 것이요 너를 치는 자
들은 아무것도 아닌 것 같고 허무한 것같이 되리니
12 Though you search for your enemies, you will not find them.
Those who wage war against you will be as nothing at all
13 이는 나 여호와 너의 하나님이 네 오른손을 붙들고 네게 이르기를
두려워하지 말라 내가 너를 도우리라 할 것임이니라
13 For I am the LORD, your God, who takes hold of you right hand
and says to you, Do not fear; I will help you.
14 버러지 같은 너 야곱아, 너희 이스라엘 사람들아 두려워하지 말라
나 여호와가 말하노니 내가 너를 도울 것이라 네 구속자는 이스라
엘의 거룩한 이이니라
14 Do not be afraid, O worm Jacob, O little Israel, for I myself will help
you declares the Lord, your Redeemer, the Holy One of Israel.
15 보라 내가 너를 이가 날카로운 새 타작기로 삼으리니 네가 산들을
쳐서 부스러기를 만들 것이며 작은 산들을 겨같이 만들 것이라
15 See, I will make you into a threshing sledge, new and sharp, with
many teeth. You will thresh the mountains and crush them, and
reduce the hills to chaff.
16 네가 그들을 까부른즉 바람이 그들을 날리겠고 회오리바람이 그들
을 흩어버릴 것이로되 너는 여호와로 말미암아 즐거워하겠고 이스
라엘의 거룩한 이로 말미암아 자랑하리라
16 You will winnow them, the wind will pick them up, and a gale
will blow them away. But you will rejoice in the Lord and glory in

the Holy One of Israel.

17 가련하고 가난한 자가 물을 구하되 물이 없어서 갈증으로 그들의
혀가 마를 때에 나 여호와가 그들에게 응답하겠고 나 이스라엘의
하나님이 그들을 버리지 아니할 것이라

17 The poor and needy search for water, but there is none; their
tongues are parched with thirst. But I the Lord will answer them; I,
the God of Israel, will not forsake them.

18 내가 헐벗은 산에 강을 내며 골짜기 가운데에 샘이 나게 하며 광야
가 못이 되게 하며 마른 땅이 샘 근원이 되게 할 것이며

18 I will make rivers flow on barren heights, and springs within the
valleys. I will turn the desert into pools of water, and the parched
ground into springs.

19 내가 광야에는 백향목과 싯딤나무와 화석류와 돌감람나무를 심고
사막에는 잣나무와 소나무와 황양목을 함께 두리니

19 I will put in the desert the cedar and the acacia, the myrtle and
the olive I will set pines in the wasteland, the fir and the cypress
together,

20 무리가 보고 여호와의 손이 지으신 바요 이스라엘의 거룩한 이가 이
것을 창조하신 바인 줄 알며 함께 헤아리며 깨달으리라 (사41:10~20)

20 so that people may see and know, may consider and understand,
that the hand of the Lord has done this, that the Holy One of Isra-
el has created it. (Isaiah 41:10~20)

5. 네 하나님 여호와께서 너보다 먼저 건너가사

The Lord your God himself will cross over ahead of you

3 여호와께서 이미 말씀하신 것과 같이 네 하나님 여호와께서 너보다
먼저 건너가사 이 민족들을 네 앞에서 멸하시고 그 땅을 차지하게 할
것이며 여호수아는 네 앞에서 건너갈지라

3 The Lord your God himself will cross over ahead of you. He will
destroy these nations before you, and you will take possession of
their land. Joshua also will cross over ahead of you, as the Lord
said.

4 또한 여호와께서 이미 멸하신 아모리 왕 시혼과 옥과 및 그 땅에 행
하신 것과 같이 그들에게도 행하실 것이라

4 And the Lord will do to them what he did to Sihon and Og, the
kings of the Amorites, whom he destroyed along with their land.

5 또한 여호와께서 그들을 너희 앞에 넘기시리니 너희는 내가 너희에
게 명한 모든 명령대로 그들에게 행할 것이라

5 The Lord will deliver them to you, and you must do to them all that
I have commanded you.

■ **너희는 강하고 담대하라 두려워하지 말라**

6 너희는 강하고 담대하라 두려워하지 말라 그들 앞에서 떨지 말라 이
는 네 하나님 여호와 그가 너와 함께 가시며 결코 너를 떠나지 아니
하시며 버리지 아니하실 것임이라 하고

6 Be strong and courageous. Do not be afraid or terrified because
of them, for the Lord your God goes with you; he will never leave
you nor forsake you.
7 모세가 여호수아를 불러 온 이스라엘의 목전에서 그에게 이르되 너
는 강하고 담대하라 너는 이 백성을 거느리고 여호와께서 그들의 조
상에게 주리라고 맹세하신 땅에 들어가서 그들에게 그 땅을 차지하
게 하라
7 Then Moses summoned Joshua and said to him in the presence
of all Israel, Be strong and courageous, for you must go with this
people into the land that the Lord swore to their forefathers to give
them, and you must divide it among them as their inheritance.

▪ 그리하면 여호와 그가 네 앞에서 가시며 너와 함께 하사
너를 떠나지 아니하시며 버리지 아니하시리니
너는 두려워하지 말라 놀라지 말라

8 그리하면 여호와 그가 네 앞에서 가시며 너와 함께 하사 너를 떠나지
아니하시며 버리지 아니하시리니 너는 두려워하지 말라 놀라지 말
라 (신31:3~8)
8 The Lord himself goes before you and will be with you; he will
never leave you nor forsake you. Do not be afraid; do not be dis-
couraged. (Deuteronomy 31:3~8)

6. 내가 곧 길이요 진리요 생명이니

I am the way and the truth and the life

▪ **너희는 마음에 근심하지 말라 하나님을 믿으니 또 나를 믿으라**

1 너희는 마음에 근심하지 말라 하나님을 믿으니 또 나를 믿으라

1 Do not let your hearts be troubled. Trust in God; trust also in me.

2 내 아버지 집에 거할 곳이 많도다 그렇지 않으면 너희에게 일렀으리라 내가 너희를 위하여 거처를 예비하러 가노라

2 In my Father's house are many rooms; if it were not so, I would have told you. I am going there to prepare a place for you.

3 가서 너희를 위하여 거처를 예비하면 내가 다시 와서 너희를 내게로 영접하여 나 있는 곳에 너희도 있게 하리라

3 And if I go and prepare a place for you, I will come back and take you to be with me that you also may be where I am.

4 내가 어디로 가는지 그 길을 너희가 아느니라

4 You know the way to the place where I am going.

5 도마가 이르되 주여 주께서 어디로 가시는지 우리가 알지 못하거늘 그 길을 어찌 알겠사옵나이까

5 Thomas said to him, "Lord, we don't know where you are going, so how can we know the way?"

▪ **예수께서 이르시되 내가 곧 길이요 진리요 생명이니 나로 말미암지 않고는 아버지께로 올 자가 없느니라**

6 예수께서 이르되 내가 곧 길이요 진리요 생명이니 나로 말미암지 않
고는 아버지께로 올 자가 없느니라
6 Jesus answered, I am the way and the truth and the life. No one
comes to the Father except through me.
7 너희가 나를 알았더라면 내 아버지도 알았으리로다 이제부터는 너희
가 그를 알았고 또 보았느니라
7 If you really knew me, you would know my Father as well. From
now on, you do know him and have seen him.
8 빌립이 이르되 주여 아버지를 우리에게 보여 주옵소서 그리하면 족
하겠나이다
8 Philip said, "Lord, show us the Father and that will be enough for
us."
9 예수께서 이르시되 빌립아 내가 이렇게 오래 너희와 함께 있으되 네
가 나를 알지 못하느냐 나를 본 자는 아버지를 보았거늘 어찌하여 아
버지를 보이라 하느냐
9 Jesus answered: Don't you know me, Phillip, even after I have
been among you such a long time? Anyone who has seen me has
seen the Father. How can you say, Show us the Father?
10 내가 아버지 안에 거하고 아버지는 내 안에 계신 것을 네가 믿지 아
니하느냐 내가 너희에게 이르는 말은 스스로 하는 것이 아니라 아버
지께서 내 안에 계셔서 그의 일을 하시는 것이라
10 Don't you believe that I am in the Father, and that the Father is in
me? The words I say to you are not just my own. Rather, it is the

Father, living in me, who is doing his work.

11 내가 아버지 안에 거하고 아버지께서 내 안에 계심을 믿으라 그렇지 못하겠거든 행하는 그 일로 말미암아 나를 믿으라

11 Believe me when I say that I am in the Father and the Father is in me; or at least believe on the evidence of the miracles themselves.

▪ **내가 진실로 진실로 너희에게 이르노니 나를 믿는 자는 내가 하는 일을 그도 할 것이요 또한 그보다 큰일도 하리니 이는 내가 아버지께로 감이라**

12 내가 진실로 진실로 너희에게 이르노니 나를 믿는 자는 내가 하는 일을 그도 할 것이요 또한 그보다 큰일도 하리니 이는 내가 아버지께로 감이라

12 I tell you the truth, anyone who has faith in me will do what I have been doing. He will do even greater things than these, because I am going to the Father.

13 너희가 내 이름으로 무엇을 구하든지 내가 행하리니 이는 아버지로 하여금 아들로 말미암아 영광을 받으시게 하려 함이라

13 And I will do whatever you ask in my name, so that the Son may bring glory to the Father.

▪ **내 이름으로 무엇이든지 내게 구하면 내가 행하리라**

14 내 이름으로 무엇이든지 내게 구하면 내가 행하리라

14 You may ask me for anything in my name, and I will do it.

■ 너희가 나를 사랑하면 나의 계명을 지키리라

15 너희가 나를 사랑하면 나의 계명을 지키리라*1)

15 If you love me, you will obey what I command.

*1) 하나님을 사랑하는 것은 이것이니 우리가 그의 계명들을 지키는 것이라 그의 계명들은 무거운 것이 아니로다 (요일5:3)

This is love for God: to obey his commands. And his commands are not burdensome, (1Jhon 5:3)

■ 내가 아버지께 구하겠으니 그가 또 다른 보혜사를 너희에게 주사 영원토록 너희와 함께 있게 하리니

16 내가 아버지께 구하겠으니 그가 또 다른 보혜사를 너희에게 주사 영원토록 너희와 함께 있게 하리니

16 And I will ask the Father, and he will give you another Counselor to be with you forever-

■ 그는 진리의 영이라

17 그는 진리의 영이라 세상은 능히 그를 받지 못하나니 이는 그를 보지도 못하고 알지도 못함이라 그러나 너희는 그를 아나니 그는 너희와 함께 거하심이요 또 너희 속에 계시겠음이라

17 the Spirit of truth. The world cannot accept him, because it neither sees him nor knows him. But you know him, for he lives with you and will be in you.

18 내가 너희를 고아와 같이 버려두지 아니하고 너희에게로 오리라

18 I will not leave you as orphans; I will come to you.

19 조금 있으면 세상은 다시 나를 보지 못할 것이로되 너희는 나를 보

리니 이는 내가 살아있고 너희도 살아있겠음이라

19 Before long, the world will not see me anymore, but you will see
me. Because I live, you also will live.

- **그날에는 내가 아버지 안에, 너희가 내 안에, 내가 너희 안에 있는 것을 너희가 알리라**

20 그날에는 내가 아버지 안에, 너희가 내 안에, 내가 너희 안에 있는
것을 너희가 알리라

20 On that day you will realize that I am in my Father, and you are in
me, and I am in you.

- **나의 계명을 지키는 자라야 나를 사랑하는 자니**

21 나의 계명을 지키는 자라야 나를 사랑하는 자니 나를 사랑하는 자
는 내 아버지께 사랑을 받을 것이요 나도 그를 사랑하여 그에게 나
를 나타내리라

21 Whoever has my commands and obeys them, he is the one who
loves me. He who loves me will be loved by my Father, and I too
will love him and show myself to him.

22 가룟인 아닌 유다가 이르되 주여 어찌하여 자기를 우리에게는 나타
내시고 세상에는 아니하려 하시나이까

22 Then Judas (not Judas Iscariot) said, But, Lord, why do you intend
to show yourself to us and not to the world?

- **사람이 나를 사랑하면 내 말을 지키리니 내 아버지께서 그를 사랑하실 것이요 우리가 그에게 가서 거처를 그와 함께 하리라**

23 예수께서 대답하여 이르시되 사람이 나를 사랑하면 내 말을 지키리

니 내 아버지께서 그를 사랑하실 것이요 우리가 그에게 가서 거처
를 그와 함께 하리라
23 Jesus replied, If anyone loves me, he will obey my teaching. My
Father will love him, and we will come to him and make our
home with him.

▪ **나를 사랑하지 아니하는 자는 내 말을 지키지 아니하나니 너희가 듣는 말은 내 말이 아니요 나를 보내신 아버지의 말씀이니라**

24 나를 사랑하지 아니하는 자는 내 말을 지키지 아니하나니 너희가
듣는 말은 내 말이 아니요 나를 보내신 아버지의 말씀이니라
24 He who does not love me will not obey my teaching. These
words you hear are not my own; they belong to the Father who
sent me.

● 보혜사

25 내가 아직 너희와 함께 있어서 이 말을 너희에게 하였거니와
25 All this I have spoken while still with you.

▪ **보혜사 곧 아버지께서 내 이름으로 보내실 성령 그가 너희에게 모든 것을 가르치고 내가 너희에게 말한 모든 것을 생각나게 하리라**

26 보혜사 곧 아버지께서 내 이름으로 보내실 성령 그가 너희에게 모
든 것을 가르치고 내가 너희에게 말한 모든 것을 생각나게 하리라
26 But the Counselor, the Holy Spirit, whom the Father will send in
my name, will teach you all things and will remind you of every-
thing I have said to you.

- **평안을 너희에게 끼치노니 곧 나의 평안을 너희에게 주노라 내가 너희에게 주는 것은 세상이 주는 것과 같지 아니하니라 너희는 마음에 근심하지도 말고 두려워하지도 말라**

27 평안을 너희에게 끼치노니 곧 나의 평안을 너희에게 주노라 내가
너희에게 주는 것은 세상이 주는 것과 같지 아니하니라 너희는 마
음에 근심하지도 말고 두려워하지도 말라

27 Peace I leave with you; my peace I give you. I do not give to you
as the world gives. Do not let your hearts be troubled and do not
be afraid.

28 내가 갔다가 너희에게로 온다 하는 말을 너희가 들었나니 나를 사
랑하였더라면 내가 아버지께로 감을 기뻐하였으리라 아버지는 나
보다 크심이라

28 You heard me say, I am going away and I am coming back to you.
If you loved me, you would be glad that I am going to the Father,
for the Father is greater than I.

- **이제 일이 일어나기 전에 너희에게 말한 것은 일이 일어날 때에 너희로 믿게 하려 함이라**

29 이제 일이 일어나기 전에 너희에게 말한 것은 일이 일어날 때에 너
희로 믿게 하려 함이라

29 I have told you now before it happens, so that when it does hap-
pen you will believe.

30 이후에는 내가 너희와 말을 많이 하지 아니하리니 이 세상의 임금
이 오겠음이라 그러나 그는 내게 관계할 것이 없으니

30 I will not speak with you much longer, for the prince of this world
is coming. He has no hold on me,
31 오직 내가 아버지를 사랑하는 것과 아버지께서 명하신 대로 행하는
것을 세상이 알게 하려 함이로라 일어나라 여기를 떠나자 하시니라
(요14:1~31)
31 but the world must learn that I love the Father and that I do exact-
ly what my Father has commanded me. Come now; let us leave.
(John 14:1~31)

7. 나는 포도나무요 너희는 가지라

I am the vine; you are the branches

● 나는 참포도나무요 내 아버지는 농부라

● I am the true vine, and my Father is the gardener.

1 나는 참포도나무요 내 아버지는 농부라

1 I am the true vine, and my Father is the gardener.

2 무릇 내게 붙어 있어 열매를 맺지 아니하는 가지는 아버지께서 그것
을 제거해 버리시고 무릇 열매를 맺는 가지는 더 열매를 맺게 하려
하여 그것을 깨끗하게 하시느니라

2 He cuts off every branch in me that bears no fruit, while every branch
that does bear fruit he prunes so that it will be even more fruitful.

▪ 너희는 내가 일러준 말로 이미 깨끗하여졌으니

3 너희는 내가 일러준 말로 이미 깨끗하여졌으니

3 You are already clean because of the word I have spoken to you.

▪ 내 안에 거하라 나도 너희 안에 거하리라

4 내 안에 거하라 나도 너희 안에 거하리라 가지가 포도나무에 붙어 있
지 아니하면 스스로 열매를 맺을 수 없음같이 너희도 내 안에 있지
아니하면 그러하리라

4 Remain in me, and I will remain in you. No branch can bear fruit
by itself; it must remain in the vine. Neither can you bear fruit un-
less you remain in me.

- **나는 포도나무요 너희는 가지라 그가 내 안에,
내가 그 안에 거하면 사람이 열매를 많이 맺나니
나를 떠나서는 너희가 아무것도 할 수 없음이라**

5 나는 포도나무요 너희는 가지라 그가 내 안에, 내가 그 안에 거하면
사람이 열매를 많이 맺나니 나를 떠나서는 너희가 아무것도 할 수 없
음이라

5 I am the vine; you are the branches. If a man remains in me and I
in him, he will bear much fruit; apart from me you can do nothing.

6 사람이 내 안에 거하지 아니하면 가지처럼 밖에 버려져 마르나니 사
람들이 그것을 모아다가 불에 던져 사르느니라

6 If anyone does not remain in me, he is like a branch that is thrown
away and withers; such branches are picked up, thrown into the
fire and burned.

- **너희가 내 안에 거하고 내 말이 너희 안에 거하면 무엇이든지 원하는
대로 구하라 그리하면 이루리라**

7 너희가 내 안에 거하고 내 말이 너희 안에 거하면 무엇이든지 원하
는 대로 구하라 그리하면 이루리라

7 If you remain in me and my words remain in you, ask whatever
you wish, and it will be given you.

- **너희가 열매를 많이 맺으면 내 아버지께서 영광을 받으실 것이요 너희
는 내 제자가 되리라**

8 너희가 열매를 많이 맺으면 내 아버지께서 영광을 받으실 것이요 너
희는 내 제자가 되리라

8 This is to my Father's glory, that you bear much fruit, showing
yourselves to be my disciples.

▪ **아버지께서 나를 사랑하신 것같이 나도 너희를 사랑하였으니 나의 사랑 안에 거하라**

9 아버지께서 나를 사랑하신 것같이 나도 너희를 사랑하였으니 나의
사랑 안에 거하라

9 As the Father has loved me, so have I loved you. Now remain in
my love.

▪ **내가 아버지의 계명을 지켜 그의 사랑 안에 거하는 것같이 너희도 내 계명을 지키면 내 사랑 안에 거하리라**

10 내가 아버지의 계명을 지켜 그의 사랑 안에 거하는 것같이 너희도
내 계명을 지키면 내 사랑 인에 거하리라

10 If you obey my commands, you will remain in my love, just as I
have obeyed my Father's commands and remain in his love.

11 내가 이것을 너희에게 이름은 내 기쁨이 너희 안에 있어 너희 기쁨
을 충만하게 하려 함이라

11 I have told you this so that my joy may be in you and that your joy
may be complete.

▪ **내 계명은 곧 내가 너희를 사랑한 것같이 너희도 서로 사랑하라 하는 이것이니라**

12 내 계명은 곧 내가 너희를 사랑한 것같이 너희도 서로 사랑하라 하
는 이것이니라

12 My command is this: Love each other as I have loved you.

13 사람이 친구를 위하여 자기 목숨을 버리면 이보다 더 큰 사랑이 없
나니
13 Greater love has no one than this, that he lay down his life for his
friends.

■ **너희는 내가 명하는 대로 행하면 곧 나의 친구라**

14 너희는 내가 명하는 대로 행하면 곧 나의 친구라

14 You are my friends if you do what I command.

■ **이제부터는 너희를 종이라 하지 아니하리니**

15 이제부터는 너희를 종이라 하지 아니하리니 종은 주인이 하는 것을
알지 못함이라 너희를 친구라 하였노니 내가 내 아버지께 들은 것을
다 너희에게 알게 하였음이라
15 I no longer call you servants, because a servant does not know
his master's business. Instead, I have called you friends, for every-
thing that I learned from my Father I have made known to you.

■ **너희가 나를 택한 것이 아니요 내가 너희를 택하여 세웠나니**

16 너희가 나를 택한 것이 아니요 내가 너희를 택하여 세웠나니 이는
너희로 가서 열매를 맺게하고 또 너희 열매가 항상 있게 하여 내 이
름으로 아버지께 무엇을 구하든지 다 받게 하려 함이라
16 You did not choose me, but I chose you and appointed you to go
and bear fruit-fruit that will last, Then the Father will give you
whatever you ask in my name.

■ **내가 이것을 너희에게 명함은 너희로 서로 사랑하게 하려 함이라**

17 내가 이것을 너희에게 명함은 너희로 서로 사랑하게 하려 함이라

17 This is my command: Love each other.

18 세상이 너희를 미워하면 너희보다 먼저 나를 미워한 줄을 알라

18 If the world hates you, keep in mind that it hated me first.

19 너희가 세상에 속하였으면 세상이 자기의 것을 사랑할 것이나 너희
는 세상에 속한 자가 아니요 도리어 내가 너희를 세상에서 택하였기
때문에 세상이 너희를 미워하느니라

19 If you belonged to the world, it would love you as its own. As it is,
you do not belong to the world, but I have chosen you out of the
world. That is why the world hates you.

20 내가 너희에게 종이 주인보다 더 크지 못하다 한 말을 기억하라 사
람들이 나를 박해하였은즉 너희도 박해할 것이요 내 말을 지켰은즉
너희 말도 지킬 것이라

20 Remember the words I spoke to you: No servant is greater than
his master. If they persecuted me, they will persecute you also. If
they obeyed my teaching, they will obey yours also.

21 그러나 사람들이 내 이름으로 말미암아 이 모든 일을 너희에게 하
리니 이는 나를 보내신 이를 알지 못함이라

21 They will treat you this way because of my name, for they do not
know the One who sent me.

22 내가 와서 그들에게 말하지 아니하였더라면 죄가 없었으려니와 지
금은 그 죄를 핑계할 수 없느니라

22 If I had not come and spoken to them, they would not be guilty
of sin. Now, however, they have no excuse for their sin.

23 나를 미워하는 자는 또 내 아버지를 미워하느니라

23 He who hates me hates my Father as well.

24 내가 아무도 못한 일을 그들 중에서 하지 아니하였더라면 그들에게 죄가 없었으려니와 지금은 그들이 나와 내 아버지를 보았고 또 미워하였도다

24 If I had not done among them what no one else did, they would not be guilty of sin. But now they have seen these miracles, and yet they have hated both me and my Father.

25 그러나 이는 그들의 율법에 기록된 바 그들이 이유 없이 나를 미워하였다 한 말을 응하게 하려 함이라

25 But this is to fulfill what is written in their Law: They hated me without reason.

- **내가 아버지께로부터 너희에게 보낼 보혜사 곧 아버지께로부터 나오시는 진리의 성령이 오실 때에 그가 나를 증언하실 것이요**

26 내가 아버지께로부터 너희에게 보낼 보혜사 곧 아버지께로부터 나오시는 진리의 성령이 오실 때에 그가 나를 증언하실 것이요

26 When the Counselor comes, whom I will send to you from the Father, the Spirit of truth who goes out from the Father, he will testify about me.

27 너희도 처음부터 나와 함께 있었으므로 증언하느니라 (요15:1~27)

27 And you also must testify, for you have been with me from the beginning. (John 15;1~27)

8. 하나님은 사랑이시다

God is love

● 하나님은 사랑이시다

● God is love

▪ 사랑하는 자들아 우리가 서로 사랑하자 사랑은 하나님께 속한 것이니 사랑하는 자마다 하나님으로부터 나서 하나님을 알고

7 사랑하는 자들아 우리가 서로 사랑하자 사랑은 하나님께 속한 것이
니 사랑하는 자마다 하나님으로부터 나서 하나님을 알고

7 Dear friends, let us love one another, for love comes from God.
Everyone who loves has been born of God and knows God.

▪ 사랑하지 아니하는 자는 하나님을 알지 못하나니 이는 하나님은 사랑이심이라

8 사랑하지 아니하는 자는 하나님을 알지 못하나니 이는 하나님은 사
랑이심이라

8 Whoever does not love does not know God, because God is love.

9 하나님의 사랑이 우리에게 이렇게 나타난 바 되었으니 하나님이 자
기의 독생자를 세상에 보내심은 그로 말미암아 우리를 살리려 하심
이라

9 This is how God showed his love among us: He sent his one and
only Son into the world that we might live through him.

10 사랑은 여기 있으니 우리가 하나님을 사랑한 것이 아니요 하나님이

우리를 사랑하사 우리 죄를 속하기 위하여 화목제물로 그 아들을 보
내셨음이라
10 This is love: not that we loved God, but that he loved us and sent
his Son as an atoning sacrifice for our sins.

▪ **사랑하는 자들아 하나님이 이같이 우리를 사랑하셨은즉**
우리도 서로 사랑하는 것이 마땅하도다

11 사랑하는 자들아 하나님이 이같이 우리를 사랑하셨은즉 우리도 서
로 사랑하는 것이 마땅하도다
11 Dear friends, since God so loved us, we also ought to love one
another.
12 어느 때나 하나님을 본 사람이 없으되 만일 우리가 서로 사랑하면
하나님이 우리 안에 거하시고 그의 사랑이 우리 안에 온전히 이루
어지느니라
12 No one has ever seen God; buf if we love one another, God lives
in us and his love is made complete in us.

▪ **그의 성령을 우리에게 주시므로 우리가 그 안에 거하고**
그가 우리 안에 거하시는 줄을 아느니라

13 그의 성령을 우리에게 주시므로 우리가 그 안에 거하고 그가 우리
안에 거하시는 줄을 아느니라
13 We know that we live in him and he in us, because he has given
us of his Spirit.
14 아버지가 아들을 세상의 구주로 보내신 것을 우리가 보았고 또 증
언하노니

14 And we have seen and testify that the Father has sent his Son to
be the Savior of the world.

- **누구든지 예수를 하나님의 아들이라 시인하면**
하나님이 그의 안에 거하시고 그도 하나님 안에 거하느니라

15 누구든지 예수를 하나님의 아들이라 시인하면 하나님이 그의 안에
거하시고 그도 하나님 안에 거하느니라

15 If anyone acknowledges that Jesus is the Son of God, God lives in
him and he in God.

- **하나님이 우리를 사랑하시는 사랑을 우리가 알고 믿었노니**
하나님은 사랑이시라 사랑 안에 거하는 자는
하나님 안에 거하고 하나님도 그의 안에 거하시느니라

16 하나님이 우리를 사랑하시는 사랑을 우리가 알고 믿었노니 하나님
은 사랑이시라 사랑 안에 거하는 자는 하나님 안에 거하고 하나님
도 그의 안에 거하시느니라

16 And so we know and rely on the love God has for us. God is love.
Whoever lives in love lives in God, and God in him.

17 이로써 사랑이 우리에게 온전히 이루어진 것은 우리로 심판 날에
담대함을 가지게 하려 함이니 주께서 그러하심과 같이 우리도 이
세상에서 그러하니라

17 In this way, love is made complete among us so that we will have
confidence on the day of judgment, because in this world we are
like him.

18 사랑 안에 두려움이 없고 온전한 사랑이 두려움을 내쫓나니 두려움

에는 형벌이 있음이라 두려워하는 자는 사랑 안에서 온전히 이루지
못하였느니라

18 There is no fear in love. But perfect love drives out fear, because
fear has to do with punishment. The one who fears is not made
perfect in love.

- **우리가 사랑함은 그가 먼저 우리를 사랑하셨음이라**

19 우리가 사랑함은 그가 먼저 우리를 사랑하셨음이라

19 We love because he first loved us.

- **누구든지 하나님을 사랑하노라 하고 그 형제를 미워하면 이는 거짓말하는 자니 보는 바 그 형제를 사랑하지 아니하는 자는 보지 못하는 바 하나님을 사랑할 수 없느니라**

20 누구든지 하나님을 사랑하노라 하고 그 형제를 미워하면 이는 거짓
말 하는 자니 보는 바 그 형제를 사랑하지 아니하는 자는 보지 못하
는 바 하나님을 사랑할 수 없느니라

20 If anyone says, "I love God." yet hates his brother, he is a liar. For
anyone who does not love his brother, whom he has seen, cannot
love God, whom has not seen.

- **우리가 이 계명을 주께 받았나니 하나님을 사랑하는 자는 또한 그 형제를 사랑할지니라**

21 우리가 이 계명을 주께 받았나니 하나님을 사랑하는 자는 또한 그
형제를 사랑할지니라 (요일 4:7~21)

21 And he has given us this command: Whoever loves God must also
love his brother. (1John 4:7~21)

제3장

용을 잡으니 곧 옛 뱀이요 마귀요 사탄이라

He seized the dragon, that ancient serpent, who is the devil, or Satan

1. 마귀를 대적하는 싸움

Put on the full armor of God

10 끝으로 너희가 주 안에서와 그 힘의 능력으로 강건하여지고

10 Finally, be strong in the Lord and in his mighty power.

▪ **마귀의 간계를 능히 대적하기 위하여 하나님의 전신갑주를 입으라**

11 마귀의 간계를 능히 대적하기 위하여 하나님의 전신갑주를 입으라

11 Put on the full armor of God so that you can take your stand
against the devil's schemes.

12 우리의 씨름은 혈과 육을 상대하는 것이 아니요 통치자들과 권세들
과 이 어두운 세상 주관자들과 하늘에 있는 악의 영들을 상대함이라

12 For our struggle is not against flesh and blood, but against the rul-
ers, against the authorities, against the power of this dark world
and against the spiritual forces of evil in the heavenly realms.

▪ **그러므로 하나님의 전신갑주를 취하라**

13 그러므로 하나님의 전신갑주를 취하라 이는 악한 날에 너희가 능히

대적하고 모든 일을 행한 후에 서기 위함이라
13 Therefore put on the full armor of God, so that when the day of
evil comes, you may be able to stand your ground, and after you
have done everything, to stand.

▪ **그런즉 서서 진리로 너희 허리띠를 띠고 의의 호심경을 붙이고**

14 그런즉 서서 진리로 너희 허리띠를 띠고 의의 호심경을 붙이고
14 Stand firm then, with the belt of truth buckled around your waist,
with the breastplate of righteousness in place,

▪ **평안의 복음이 준비한 신을 신고**

15 평안의 복음이 준비한 신을 신고
15 and with your feet fitted with the readiness that comes from the
gospel of peace,

▪ **모든 것 위에 믿음의 방패를 가지고 이로써 능히 악한 자의 모든 불화살을 소멸하고**

16 모든 것 위에 믿음의 방패를 가지고 이로써 능히 악한 자의 모든 불
화살을 소멸하고
16 In addition to all this, take up the shield of faith, with which you
can extinguish all the flaming arrows of the evil one.

▪ **구원의 투구와 성령의 검 곧 하나님의 말씀을 지키라**

17 구원의 투구와 성령의 검 곧 하나님의 말씀을 지키라
17 Take the helmet of salvation and the sword of the Spirit, which is
the word of God.

- **모든 기도와 간구를 하되 항상 성령 안에서 기도하고 이를 위하여 깨어 구하기를 항상 힘쓰며 여러 성도를 위하여 구하라**

18 모든 기도와 간구를 하되 항상 성령 안에서 기도하고 이를 위하여
깨어 구하기를 항상 힘쓰며 여러 성도를 위하여 구하라

18 And pray in the Spirit on all occasions with all kinds of prayers
and requests. With this in mind, be alert and always keep on
praying for all the saints.

- **또 나를 위하여 구할 것은 내게 말씀을 주사 나로 입을 열어 복음의 비밀을 담대히 알리게 하옵소서**

19 또 나를 위하여 구할 것은 내게 말씀을 주사 나로 입을 열어 복음의
비밀을 담대히 알리게 하옵소서 할 것이니 (엡6:10~19)

19 Pray also for me, that whenever I open my mouth, words may be
given me so that I will fearlessly make known the mystery of the
gospel, (Ephesians 6:10~19)

2. 멸망하는 자들

the man doomed to destruction

1 형제들아 우리가 너희에게 구하는 것은 우리 주 예수 그리스도의 강
림하심과 우리가 그 앞에 모임에 관하여

1 Concerning the coming of our Lord Jesus Christ and our being
gathered to him, we ask you, brothers,

2 영으로나 또는 말로나 또는 우리에게서 받았다 하는 편지로나 주의
날이 이르렀다고 해서 쉽게 마음이 흔들리거나 두려워하거나 하지
말아야 한다는 것이라

2 not to become easily unsettled or alarmed by some prophecy, re-
port or letter supposed to have come from us, saying that the day
of the LORD has already come.

- **누가 어떻게 하여도 너희가 미혹되지 말라**
- **먼저 배교하는 일이 있고**
- **저 불법의 사람 곧 멸망의 아들이 나타나기 전에는 그날이 이르지 아니하리니**

3 누가 어떻게 하여도 너희가 미혹되지 말라 먼저 배교하는 일이 있고
저 불법의 사람 곧 멸망의 아들이[*1)] 나타나기 전에는 그날이 이르지
아니하리니[*2)]

3 Don't let anyone deceive you in any way, for that day will not
come until the rebellion occurs and the man of lawlessness is re-

vealed, the man doomed to destruction.

*1) 내가 그들과 함께 있을 때에 내게 주신 아버지의 이름으로 그들을 보전하고 지키었나이다 그 중의 하나도 멸망하지 않고 다만 멸망의 자식뿐이오니 이는. 성경을 응하게 함이니이다 (요17:12)

While I was with them, I protected them and kept them safe by that name you gave me. None has been lost except the one doomed to destruction so that Scripture would be fulfilled. (John 17:12)

조각을 받은 후 곧 사탄이 그 속에 들어간지라 이에 예수께서 유다에게 이르시대 네가 하는 일을 속히 하라 하시니 (요13:27)

As soon as Judas took the bread, Satan entered into him. (John. 13:27)

*2) **6** 누구든지 헛된 말로 너희를 속이지 못하게 하라 이로 말미암아 하나님의 진노가 불순종의 아들들에게 임하나니

6 Let no one deceive you with empty words, for because of such things God's wrath comes on those who are disobedient.

7 그러므로 그들과 함께하는 자가 되지 말라

7 Therefore do not be partners with them.

8 너희가 전에는 어둠이더니 이제는 주 안에서 빛이라 빛의 자녀들 처럼 행하라 (엡5:6~8)

8 For you were once darkness, but now you are light in the Lord. Live as children of light. (Ephesians 5:6~8)

4 그는 대적하는 자라 (사14:12~20) 신이라고 불리는 모든 것과 숭배함을 받는 것에 대항하여 그 위에 자기를 높이고 하나님의 성전에 앉아 자기를 하나님이라고 내세우느니라

4 He will oppose and will exalt himself over everthing that is called God or is worshiped, so that he sets himself up in God's temple, proclaiming himself to be God.

5 내가 너희와 함께 있을 때에 이 일을 너희에게 말한 것을 기억하지 못하느냐

5 Don't you remember that when I was with you I used to tell you these things?

6 너희는 지금 그로 하여금 그의 때에 나타나게 하려 하여 막은 것이 있는 것을 아나니

6 And now you know what is holding him back, so that he may be revealed at the proper time.

7 불법의 비밀이 이미 활동하였으나 지금은 그것을 막는 자가 있어 그 중에서 옮겨질 때까지 하리라

7 For the secret power of lawlessness is already at work; buf the one who now holds it back will continue to do so till he is taken out of the way.

8 그때에 불법한 자가 나타나리니 주 예수께서 그 입의 기운으로 그를 죽이시고*1) 강림하여 나타나심으로 폐하시리라

8 And then the lawless one will be revealed, whom the Lord Jesus will overthrow with the breath of his mouth and destroy by the splendor of his coming.

*1) 그 나머지는 말 탄 자의 입으로부터 나오는 검에 죽으매 모든 새가 그의 살로 배불리더라 (계19:21)
The rest of them were killed with the sword that came out of the mouth of the rider on the horse, and all the birds gorged themselves on their flesh. (Revelation 19:21)

9 악한 자의 나타남은 사탄의 활동을 따라 모든 능력과 표적과 기적과

9 The coming of the lawless one will be in accordance with the work
of Satan displayed in all kinds of counterfeit miracles, signs and
wonders,

10 불의의 모든 속임으로 멸망하는 자들에게 있으리니 이는 그들이 진
리의 사랑을 받지 아니하여 구원을 받지 못함이라

10 and in every sort of evil that deceives those who are perishing.
They perish because they refused to love the truth and so be
saved.

11 이러므로 하나님이 미혹의 역사를 그들에게 보내사 거짓 것을 믿게
하심은

11 For this reason God sends them a powerful delusion so that they
will believe the lie

12 진리를 믿지 않고 불의를 좋아하는 모든 자들로 하여금 심판을 받
게 하려 하심이라 (살후2:1~12)

12 and so that all will be condemned who have not believed the
truth but have delighted in wickedness. (2 Thessalonians 2:1~12)

3. 용을 잡으니 곧 옛 뱀이요 마귀요 사탄이라

He seized the dragon, that ancient serpent, who is the devil, or Satan

●천 년 왕국

- 용을 잡으니 곧 옛 뱀이요 마귀요 사탄이라
- He seized the dragon, that ancient serpent, who is the devil, or Satan,

2 용을 잡으니 곧 옛 뱀이요 마귀요 사탄이라 잡아서 천 년 동안 결박
하여

2 He seized the dragon, that ancient serpent, who is the devil, or Sa-
tan, and bound him for a thousand years.

- 그후에는 반드시 잠깐 놓이리라
- After that, he must be set free for a short time.

3 무저갱에 던져 넣어 잠그고 그 위에 인봉하여 천 년이 차도록 다시는
만국을 미혹하지 못하게 하여였는데 그후에는 반드시 잠깐 놓이리
라 (계20:2~3)

3 He threw him into the Abyss, and locked and sealed it over him, to
keep him from deceiving the nations anymore until the thousand
years were ended. After that, he must be set free for a short time.
(Revelation 20:2~3)

● **사탄의 패망**

7 천 년이 차매 사탄이 그 옥에서 놓여

7 When the thousand years are over, Satan will be released from his prison

8 나와서 땅의 사방 백성 곧 곡과 마곡을 미혹하고 모아 싸움을 붙이리니 그 수가 바다의 모래 같으리라

8 and will go out to deceive the nations in the four corners of the earth-Gog and Magog-to gather them for battle. In number they are like the sand on the seashore.

▪ **하늘에서 불이 내려와 그들을 태워버리고**

9 그들이 지면에 널리 퍼져 성도들의 진과 사랑하시는 성을 두르매 하늘에서 불이 내려와 그들을 태워버리고

9 They marched across the breadth of the earth and surrounded the camp of God's people, the city he loves. But fire came down from heaven and devoured them.

▪ **또 그들을 미혹하는 마귀가 불과 유황 못에 던져지니**

▪ **거기는 그 짐승과 거짓 선지자도 있어**

▪ **세세토록 밤낮 괴로움을 받으리라**

10 또 그들을 미혹하는 마귀가 불과 유황 못에 던져지니 거기는 그 짐승과 거짓 선지자도 있어 세세토록 밤낮 괴로움을 받으리라 (계20:7~10)

10 And the devil, who deceived them, was thrown into the lake of burning sulfur, where the beast and the false prophet had been thrown. They will be tormented day and night for ever and ever. (Revelation 20:7~10)

● 여자와 용

▪ **하늘에 또 다른 이적이 보이니 보라 한 큰 붉은 용이 있어**

3 하늘에 또 다른 이적이 보이니 보라 한 큰 붉은 용이 있어 머리가 일
곱이요 뿔이 열이라 그 여러 머리에 일곱 왕관이 있는데

3 Then another sign appeared in heaven: an enormous red dragon
with seven heads and ten horns and seven crowns on his heads.

▪ **그 꼬리가 하늘의 별 삼분의 일을 끌어다가 땅에 던지더라**

4 그 꼬리가 하늘의 별 삼분의 일을 끌어다가 땅에 던지더라 용이 해산
하려는 여자 앞에서 그가 해산하면 그 아이를 삼키고자 하더니

4 His tail swept a third of the stars out of the sky and flung them to the
earth. The dragon stood in front of the woman who was about to
give birth, so that he might devour her child the moment it was born.

▪ **하늘에 전쟁이 있으니 미가엘과 그의 사자들이 용과 더불어 싸울새 용과 그의 사자들도 싸우나**

7 하늘에 전쟁이 있으니 미가엘과 그의 사자들이 용과 더불어 싸울새
용과 그의 사자들도 싸우나

7 And there was war in heaven. Michael and his angels fought
against the dragon, and the dragon and his angels fought back.

▪ **이기지 못하여 다시 하늘에서 그들이 있을 곳을 얻지 못한지라**

8 이기지 못하여 다시 하늘에서 그들이 있을 곳을 얻지 못한지라

8 But he was not strong enough, and they lost their place in heaven.

▪ **큰 용이 내쫓기니 옛 뱀 곧 마귀라고도 하고 사탄이라고도 하며 온 천하를 꾀는 자라**

▪ **그가 땅으로 내쫓기니 그의 사자들도 그와 함께 내쫓기니라**

9 큰 용이 내쫓기니 옛 뱀 곧 마귀라고도 하고 사탄이라고도 하며 온
천하를 꾀는 자라그가 땅으로 내쫓기니 그의 사자들도 그와 함께 내
쫓기니라

9 The great dragon was hurled down-that ancient serpent called the
devil, or Satan, who leads the whole world astray. He wes hurled
to the earth, and his angels with him.

▪ **이제 우리 하나님의 구원과 능력과 나라와**
또 그의 그리스도의 권세가 나타났으니

▪ **우리 형제들을 참소하던 자 곧 우리 하나님 앞에서**
밤낮 참소하던 자가 쫓겨났고

10 내가 또 들으니 하늘에 큰 음성이 있어 이르되 이제 우리 하나님의
구원과 능력과 나라와 또 그의 그리스도의 권세가 나타났으니 우리
형제들을 참소하던 자 곧 우리 하나님 앞에서 밤낮 참소하던 자가
쫓겨났고

10 Then I heard a loud voice in heaven say: Now have come the
salvation and the power and the kingdom of our God, and the au-
thority of his Christ For the accuser of our brothers, who accuses
them before our God day and night, has been hurled down.

▪ **또 우리 형제들이 어린 양의 피와 자기들이**
증언하는 말씀으로써 그들을 이겼으니

▪ **그들은 죽기까지 자기들의 생명을 아끼지 아니하였도다**

11 또 우리 형제들이 어린 양의 피와 자기들이 증언하는 말씀으로써
그들을 이겼으니 그들은 죽기까지 자기들의 생명을 아끼지 아니하
였도다

11 They overcame him by the blood of the Lamb and by the word of
their testimony; they did not love their lives so much as to shrink
from death.

Part 3

- **그러므로 하늘과 그 가운데에 거하는 자들은 즐거워하라**
- **그러나 땅과 바다는 화 있을진저 이는 마귀가 자기의 때가 얼마 남지 않은 줄을 알므로 크게 분내어 너희에게 내려갔음이라**

12 그러므로 하늘과 그 가운데에 거하는 자들은 즐거워 하라 그러나
땅과 바다는 화 있을진저 이는 마귀가 자기의 때가 얼마 남지 않은
줄을 알므로 크게 분내어 너희에게 내려갔음이라

12 Therefore rejoice, you heavens and you who dwell in them! But
woe to the earth and the sea, because the devil has gone down
to you! He is filled with fury, because he knows that his time is
short.

- **용이 자기가 땅으로 내쫓긴 것을 보고**
- **남자를 낳은 여자를 박해하는지라**

13 용이 자기가 땅으로 내쫓긴 것을 보고 남자를 낳은 여자를 박해하
는지라

13 When the dragon saw that he had been hurled to the earth, he
pursued the woman who had given birth to the male child.

14 그 여자가 큰 독수리의 두 날개를 받아 광야 자기 곳으로 날아가 거

기서 그 뱀의 낯을 피하여 한 때와 두 때와 반 때를 양육 받으매

14 The woman was given the two wings of a great eagle, so that she might fly to the place prepared for her in the desert, where she would be taken care of for a time, times and half a time, out of the serpent's reach.

- **여자의 뒤에서 뱀이 그 입으로 물을 강같이 토하여 여자를 물에 떠내려가게 하려 하되**

15 여자의 뒤에서 뱀이 그 입으로 물을 강같이 토하여 여자를 물에 떠내려가게 하려 하되

15 Then from his mouth the serpent spewed water like a river, to overtake the woman and sweep her away with the torrent.

- **땅이 여자를 도와 그 입을 벌려 용의 입에서 토한 강물을 삼키니**

16 땅이 여자를 도와 그 입을 벌려 용의 입에서 토한 강물을 삼키니

16 But the earth helped the woman by opening its mouth and swallowing the river that the dragon had spewed out of his mouth.

- **용이 여자에게 분노하여 돌아가서 그 여자의 남은 자손 곧 하나님의 계명을 지키며 예수의 증거를 가진 자들과 더불어 싸우려고 바다 모래 위에 서 있더라**

17 용이 여자에게 분노하여 돌아가서 그 여자의 남은 자손 곧 하나님의 계명을 지키며 예수의 증거를 가진 자들과 더불어 싸우려고 바다 모래 위에 서 있더라 (계12:3~4, 7~17)

17 Then the dragon was enraged at the woman and went off to make war against the rest of her offspring-those who obey God's

commandments and hold to the testimony of Jesus. (Revelation 12:3~4, 7~17)

● 짐승 두 마리

■ **용이 자기의 능력과 보좌와 큰 권세를 그에게 주었더라**

2 내가 본 짐승은 표범과 비슷하고 그 발은 곰의 발 같고 그 입은 사자의 입 같은데 용이 자기의 능력과 보좌와 큰 권세를 그에게 주었더라

2 The beast I saw resembled a leopard, but had feet like those of a bear and a mouth like that of a lion. The dragon gave the beast his power and his throne and great authority.

■ **용이 짐승에게 권세를 주므로 용에게 경배하며**

4 용이 짐승에게 권세를 주므로 용에게 경배하며 짐승에게 경배하여 이르되 누가 이 짐승과 같으냐 누가 능히 이와 더불어 싸우리요 하더라 (계13:2, 4)

4 Men worshiped the dragon because he had given authority to the beast, and they also worshiped the beast and asked, "Who is like the beast? Who can make war against him?" (Revelation 13:2, 4)

● 너 아침의 아들 계명성이여

■ **너 아침의 아들 계명성이여 어찌 그리 하늘에서 떨어졌으며 너 열국을 엎은 자여 어찌 그리 땅에 찍혔는고**

12 너 아침의 아들 계명성이여 어찌 그리 하늘에서 떨어졌으며 너 열국을 엎은 자여 어찌 그리 땅에 찍혔는고

12 How you have fallen from heaven, O morning star, son of the dawn! You have been cast down to the earth, you who once laid low the nations!

13 네가 네 마음에 이르기를 내가 하늘에 올라 하나님의 뭇 별 위에 내 자리를 높이리라 내가 북극 집회의 산 위에 앉으리라

13 You said in your heart, "I will ascend to heaven; I will raise my throne above the stars of God; I will sit enthroned on the mount of assembly, on the utmost heights of the sacred mountain.

■ **가장 높은 구름에 올라가 지극히 높은 이와 같아지리라**

14 가장 높은 구름에 올라가 지극히 높은 이와 같아지리라 하는도다

14 I will ascend above the tops of the clouds; I will make myself like the Most High.

■ **그러나 네가 이제 스올 곧 구덩이 맨 밑에 떨어짐을 당하리로다**

15 그러나 네가 이제 스올 곧 구덩이 맨 밑에 떨어짐을 당하리로다

15 But you are brought down to the grave, to the depths of the pit.

16 너를 보는 이가 주목하여 너를 자세히 살펴 보며 말하기를 이 사람이 땅을 진동시키며 열국을 놀라게 하며

16 Those who see you stare at you, they ponder your fate: Is this the man who shook the earth and made kingdoms tremble,

17 세계를 황무하게 하며 성읍을 파괴하며 그에게 사로잡힌 자들을 집으로 놓아 보내지 아니하던 자가 아니냐 하리로다

17 the man who made the world a desert, who overthrew its cities and would not let his captives go home?

18 열방의 모든 왕들은 모두 각각 자기 집에서 영광 중에 자건마는

18 All the kings of the nations lie in state, each in his own tomb.

19 오직 너는 자기 무덤에서 내쫓겼으니 가증한 나무 가지 같고 칼에 찔려 돌구덩이에 떨어진 주검들에 둘러싸였으니 밟힌 시체와 같도다

19 But you are cast out of your tomb like a rejected branch; you are covered with the slain, with those pierced by the sword, those who descend to the stones of the pit, Like a corpse trampled underfoot,

20 네가 네 땅을 망하게 하였고 네 백성을 죽였으므로 그들과 함께 안장되지 못하나니 악을 행하는 자들의 후손은 영원히 이름이 불려지지 아니하리로다 할지니라 (사14:12~20)

20 you will not join them in burial, for you have destroyed your land and killed your people. The offspring of the wicked will never be mentioned again. (Isaiah 14:12~20)

● 그 짐승의 수는 육백육십육이니라: 사탄과 그의 사자들(666)

● His number is 666: the Satan and his angels

▪ 내가 보니 바다에서 한 짐승이 나오는데

1 내가 보니 바다에서 한 짐승이 나오는데 뿔이 열이요 머리가 일곱이라 그 뿔에는 열 왕관이 있고 그 머리들에는 신성모독 하는 이름들이 있더라

1 And I saw a beast coming out of the sea. He had ten horns and seven heads, with ten crowns on his horns, and on each head a

blasphemous name.

■ **용이 자기의 능력과 보좌와 큰 권세를 그에게 주었더라**

2 내가 본 짐승은 표범과 비슷하고 그 발은 곰의 발 같고 그 입은 사자
의 입 같은데 용이 자기의 능력과 보좌와 큰 권세를 그에게 주었더라
2 The beast I saw resembled a leopard, but had feet like those of a
bear and a mouth like that of a lion. The dragon gave the beast his
power and his throne and great authority.
3 그의 머리 하나가 상하여 죽게 된 것 같더니 그 죽게 되었던 상처가
나으매 온 땅이 놀랍게 여겨 짐승을 따르고 (계13:1~3)
3 One of the heads of the beast seemed to have had a fatal wound,
but the fatal wound had been healed. The whole world was aston-
ished and followed the beast.

■ **큰 용이 내쫓기니 옛 뱀 곧 마귀라고도 하고 사탄이라고도 하며**

큰 용이 내쫓기니 옛 뱀 곧 마귀라고도 하고 사탄이라고도 하며 온 천하를 꾀는 자라 그가 땅으로 내쫓기니 그의 사자들도 그와 함께 내쫓기니라 (계12:9)

The great dragon was hurled down-that ancient serpent called the devil, or Satan, who leads the whole world astray. He was hurled to the earth, and his angels with him. (Revelation 12:9)

■ **용이 짐승에게 권세를 주므로 용에게 경배하며**

용이 짐승에게 권세를 주므로 용에게 경배하며 짐승에게 경배하여 이르되 누가 이 짐승과 같으냐 누가 능히 이와 더불어 싸우리요 (계13:4)

Men worshiped the dragon because he had given authority to the beast, and they also worshiped the beast and asked, "Who is like the beast? Who can make war against him?" (Revelation 13:4)

■ **내가 보니 또 다른 짐승이 땅에서 올라오니**

11 내가 보매 또 다른 짐승이 땅에서 올라오니 어린 양같이 두 뿔이 있고 용처럼 말을 하더라

11 Then I saw another beast, coming out of the earth. He had two horns like a lamb, but he spoke like a dragon.

12 그가 먼저 나온 짐승의 모든 권세를 그 앞에서 행하고 땅과 땅에 사는 자들을 처음 짐승에게 경배하게 하니 곧 죽게 되었던 상처가 나은 자니라 (계13:11~12)

12 He exercised all the authority of the first beast on his behalf, and made the earth and its inhabitants worship the first beast, whose fatal wound had been healed. (Revelation 13:11~12)

16 그가 모든 자 곧 작은 자나 큰 자나 부자나 가난한 자나 자유인이나 종들에게 그 오른손에나 아마에 표를 받게 하고

16 He also forced everyone, small and great, rich and poor, free and slave, to receive a mark on his right hand or on his forehead,

17 누구든지 이 표를 가진 자 외에는 매매를 못하게 하니 이 표는 곧 짐승의 이름이나 그 이름의 수라

17 so that no one could buy or sell unless he had the mark, which is the name of the beast or the number of his name.

- **그것은 사람의 수니 그의 수는 육백육십육이니라**

18 지혜가 여기 있으니 총명한 자는 그 짐승의 수를 세어 보라 그것은
사람의 수니 그의 수는 육백육십육이니라 (계13:16~18)

18 This calls for wisdom. If anyone has insight, let him calculate the
number of the beast, for it is man's number. His number is 666.
(Revelation 13:16~18)

- **마귀와 그 사자들을 위하여 예비된 영원한 불에 들어가라**

또 왼편에 있는 자들에게 이르시되 저주를 받은 자들아 나를 떠나 마귀와 그 사자들을 위하여 예비된 영원한 불에 들어가라 (마25:41)

Then he will say to those on his left, Depart from me, you who are cursed, into the eternal fire prepared for the devil and his angels. (Matthew 25:41)

19 또 내가 보매 그 짐승과 땅의 임금들과 그들의 군대들이 모여 그 말
탄 자와 그의 군대와(계19:11~16) 더불어 전쟁을 일으키다가

19 Then I saw the beast and the kings of the earth and their armies
gathered together to make war against the rider on the horse and
his army. (Revelation 19:11~16)

20 짐승이 잡히고 그 앞에서 표적을 행하던 거짓 선지자도 함께 잡혔
으니 이는 짐승의 표를 받고 그의 우상에게 경배하던 자들을 표적
으로 미혹하던 자라 이 둘이 산 채로 유황불 붙는 못에 던져지고 (계
19:19~20)

20 But the beast was captured, and with him the false prophet who
had performed the miraculous signs on his behalf. With these

signs he had deluded those who had received the mark of the beast and worshiped his image. The two of them were thrown alive into the fiery lake of burning sulfur. (Revelation 19:19~20)

- **마귀가 불과 유황못에 던져지니 거기는 그 짐승과 거짓 선지자도 있어 세세토록 밤낮 괴로움을 받으리라**

또 그들을 미혹하는 마귀가 불과 유황못에 던져지니 거기는 그 짐승과 거짓 선지자도 있어 세세토록 밤낮 괴로움을 받으리라 (계20:10)

And the devil, who deceived them, was thrown into the lake of burning sulfur, where the beast and the false prophet had been thrown. They will be tormented day and night for ever and ever. (Revelation 20:10)

4. 적그리스도와 하나님의 자녀

Warning Against Antichrists

● 아이들아 지금은 마지막 때라

- **아이들아 지금은 마지막 때라 적그리스도가 오리라는 말을 너희가 들은 것과 같이 지금도 많은 적그리스도가 일어났으니**
- **그러므로 우리가 마지막 때인줄 아노라**

18 아이들아 지금은 마지막 때라 적그리스도가 오리라는 말을 너희가
들은 것과 같이 지금도 많은 적그리스도가 일어났으니 그러므로 우
리가 마지막 때인 줄 아노라

18 Dear children, this is the last hour; and as you have heard that the
antichrist is coming, even now many antichrists have come. This
is how we know it is the last hour.

- **그들이 우리에게서 나갔으나 우리에게 속하지 아니하였나니**

19 그들이 우리에게서 나갔으나 우리에게 속하지 아니하였나니 만일
우리에게 속하였더라면 우리와 함께 거하였으려니와 그들이 나간
것은 다 우리에게 속하지 아니함을 나타내려 함이니라

19 They went out from us, but they did not really belong to us, For if
they had belonged to us, they would have remained with us; but
their going showed that none of them belonged to us.

- **너희는 거룩하신 자에게서 기름부음을 받고 모든 것을 아느니라**

20 너희는 거룩하신 자에게서 기름부음을 받고 모든 것을 아느니라

20 But you have an anointing from the Holy One, and all of you
know the truth.

21 내가 너희에게 쓰는 것은 너희가 진리를 알지 못하기 때문이 아니
라 알기 때문이요 또 모든 거짓은 진리에서 나지 않기 때문이라

21 I do not write to you because you do not know the truth, but be-
cause you do know it and because no lie comes from the truth.

Part 3

- **거짓말하는 자가 누구냐 예수께서 그리스도이심을 부인하는 자가 아니냐**
- **아버지와 아들을 부인하는 그가 적그리스도니**

22 거짓말하는 자가 누구냐 예수께서 그리스도이심을 부인하는 자가
아니냐 아버지와 아들을 부인하는 그가 적그리스도니

22 Who is the liar? It is the man who denies that Jesus is the Christ.
Such a man is the antichrist-he denies the Father and the Son.

23 아들을 부인하는 자에게는 또한 아버지가 없으되 아들을 시인하는
자에게는 아버지도 있느니라

23 No one who denies the Son has the Father; whoever acknowl-
edges the Son has the Father also.

- **너희는 처음부터 들은 것을 너희 안에 거하게 하라**
- **처음부터 들은 것이 너희 안에 거하면 너희가 아들과 아버지 안에 거하리라**

24 너희는 처음부터 들은 것을 너희 안에 거하게 하라 처음부터 들은
것이 너희 안에 거하면 너희가 아들과 아버지 안에 거하리라

24 See that what you have heard from the beginning remains in you.

If it does, you also will remain in the Son and in the Father.

■ 그가 우리에게 약속하신 것은 이것이니 곧 영원한 생명이니라

25 그가 우리에게 약속하신 것은 이것이니 곧 영원한 생명이니라

25 And this is what he promised us-even eternal life.

26 너희를 미혹하는 자들에 관하여 내가 이것을 너희에게 썼노라

26 I am writing these things to you about those who are trying to lead you astray

■ 너희는 주께 받은 바 기름부음이 너희 안에 거하나니 아무도 너희를 가르칠 필요가 없고 오직 그의 기름부음이

모든 것을 너희에게 가르치며 또 참되고 거짓이 없으니

너희를 가르치신 그대로 주 안에 거하라

27 너희는 주께 받은 바 기름부음이 너희 안에 거하나니 아무도 너희를 가르칠 필요가 없고 오직 그의 기름부음이 모든 것을 너희에게 가르치며 또 참되고 거짓이 없으니 너희를 가르치신 그대로 주 안에 거하라*1)

27 As for you, the anointing you received from him remains in you, and you do not need anyone to teach you. But as his anointing teaches you about all things and as that anointing is real, not counterfeit-just as it has taught you, remain in him.

*1) **■ 보혜사 곧 아버지께서 내 이름으로 보내실 성령**

그가 너희에게 모든 것을 가르치고

■ 내가 너희에게 말한 모든 것을 생각나게 하리라

보혜사 곧 아버지께서 내 이름으로 보내실 성령 그가 너희에게 모든 것을 가르치고 내가 너희에게 말한 모든 것을 생각나게 하리라 (요14:26)

But the Counselor, the Holy Spirit, whom the Father will send in my name, will teach you all things and will remind you of everything I have said to you. (John 14:26)

▪ **자녀들아 이제 그의 안에 거하라**
이는 주께서 나타내신 바 되면 그가 강림하실 때에 우리로
담대함을 얻어 그 앞에서 부끄럽지 않게 하려 함이라

28 자녀들아 이제 그의 안에 거하라 이는 주께서 나타내신 바 되면 그
가 강림하실 때에 우리로 담대함을 얻어 그 앞에서 부끄럽지 않게
하려 함이라

28 And now, dear children, continue in him, so that when he ap-
pears we may be confident and unashamed before him at his
coming.

▪ **너희가 그가 의로우신 줄 알면 의를 행하는 자마다 그에게서 난 줄을 알리라**

29 너희가 그가 의로우신 줄 알면 의를 행하는 자마다 그에게서 난 줄
을 알리라 (요일2:18~29)

29 If you know that he is righteous, you know that everyone who
does what is right has been born of him. (1John2:18~29)

5. 하나님의 영과 적그리스도의 영

Test the Spirits

● **영을 다 믿지 말고 오직 영들이 하나님께 속하였나 분별하라**

▪ **영을 다 믿지 말고 오직 영들이 하나님께 속하였나 분별하라**

▪ **많은 거짓 선지자가 세상에 나왔음이라**

1 사랑하는 자들아 영을 다 믿지 말고 오직 영들이 하나님께 속하였나 분별하라 많은 거짓 선지자가 세상에 나왔음이라

1 Dear friends, do not believe every spirit, but test the spirits to see whether they are from God, because many false prophets have gone out into the world.

▪ **이로써 너희가 하나님의 영을 알지니 곧 예수 그리스도께서 육체로 오신 것을 시인하는 영마다 하나님께 속한 것이요**

2 이로써 너희가 하나님의 영을 알지니 곧 예수 그리스도께서 육체로 오신 것을 시인하는 영마다 하나님께 속한 것이요[*1)]

2 This is how you can recognize the Spirit of God: Every spirit that acknowledges that Jesus Christ has come in the flesh is from God,

*1) 말씀이 육신이 되어 우리 가운데 거하시매 우리가 그의 영광을 보니 아버지의 독생자의 영광이요 은혜와 진리가 충만하더라 (요1:14)
The word became flesh and made his dwelling among us. We have seen his glory, the glory of the One and Only, who came from the Father, full of grace and truth. (John 1:14)
그러므로 내가 너희에게 알리노니 하나님의 영으로 말하는 자는 누구든지

예수를 저주할 자라 하지 아니하고 또 성령으로 아니하고는 누구든지 예수를 주시라 할 수 없느니라 (고전12:3)

Therefore I tell you that no one who is speaking by the Spirit of God says, "Jesus be cursed," and no one can say, "Jesus is Lord," except by the Holy Spirit. (1Corinthians 12:3)

- **예수를 시인하지 아니하는 영마다 하나님께 속한 것이 아니니**
- **이것이 곧 적그리스도의 영이니라**
- **오리라 한 말을 너희가 들었거니와 지금 벌써 세상에 있느니라**

3 예수를 시인하지 아니하는 영마다 하나님께 속한 것이 아니니 이것이 곧 적그리스도의 영이니라 오리라 한 말을 너희가 들었거니와 지금 벌써 세상에 있느니라

3 but every spirit that does not acknowledge Jesus is not from God. This is the spirit of the antichrist, which you have heard is coming and even now is already in the world.

- **자녀들아 너희는 하나님께 속하였고 또 그들을 이기었나니 이는 너희 안에 계신 이가 세상에 있는 자보다 크심이라**

4 자녀들아 너희는 하나님께 속하였고 또 그들을 이기었나니 이는 너희 안에 계신 이가 세상에 있는 자보다 크심이라

4 You, dear children, are from God and have overcome them, because the one who is in you is greater than the one who is in the world.

5 그들은 세상에 속한고로 세상에 속한 말을 하매 세상이 그들의 말을 듣느니라

5 They are from the world and therefore speak from the viewpoint
of the world, and the world listens to them.

- **우리는 하나님께 속하였으니 하나님을 아는 자는 우리의 말을 듣고**
- **하나님께 속하지 아니한 자는 우리의 말을 듣지 아니하나니**
- **진리의 영과 미혹의 영을 이로써 아느니라**

6 우리는 하나님께 속하였으니 하나님을 아는 자는 우리의 말을 듣고
하나님께 속하지 아니한 자는 우리의 말을 듣지 아니하나니 진리의
영과 미혹의 영을 이로써 아느니라 (요일4:1~6)

6 We are from God, and whoever knows God listens to us; buf who-
ever is not from God does not listen to us. This is how we recog-
nize the Spirit of truth and the spirit of falsehood. (1John4:1~6)

6. 거짓 선지자들을 삼가라

Watch out for false prophets

● 거짓 선지자들을 삼가라

▪ 거짓 선지자들을 삼가라 양의 옷을 입고 너희에게 나아오나 속에는 노략질하는 이리라

15 거짓 선지자들을 삼가라 양의 옷을 입고 너희에게 나아오나 속에는
노략질하는 이리라

15 Watch out for false prophets. They come to you in sheep's cloth-
ing, but inwardly they are ferocious wolves.

▪ 그들의 열매로 그들을 알지니 가시나무에서 포도를 또는 엉겅퀴에서 무화과를 따겠느냐

16 그들의 열매로 그들을 알지니 가시나무에서 포도를, 또는 엉겅퀴에
서 무화과를 따겠느냐

16 By their fruit you will recognize them. Do people pick grapes
from thornbushes, or figs from thistles?

▪ 이와 같이 좋은 나무마다 아름다운 열매를 맺고 못된 나무가 나쁜 열매를 맺나니

17 이와 같이 좋은 나무마다 아름다운 열매를 맺고 못된 나무가 나쁜
열매를 맺나니

17 Likewise every good tree bears good fruit, but a bad tree bears
bad fruit.

▪ **좋은 나무가 나쁜 열매를 맺을 수 없고**

못된 나무가 아름다운 열매를 맺을 수 없느니라

18 좋은 나무가 나쁜 열매를 맺을 수 없고 못된 나무가 아름다운 열매를 맺을 수 없느니라

18 A good tree cannot bear bad fruit, and a bad tree cannot bear good fruit.

▪ **아름다운 열매를 맺지 아니하는 나무마다**

찍혀 불에 던져지느니라

19 아름다운 열매를 맺지 아니하는 나무마다 찍혀 불에 던져지느니라

19 Every tree that does not bear good fruit is cut down and thrown into the fire.

▪ **이러므로 그들의 열매로 그들을 알리라**

20 이러므로 그들의 열매로 그들을 알리라 (마7:15~20)

20 Thus, by their fruit you will recognize them. (Matthew 7:15~20)

▪ **거짓 선지자가 많이 일어나 많은 사람을 미혹하겠으며**

11 거짓 선지자가 많이 일어나 많은 사람을 미혹하겠으며

11 and many false prophets will appear and deceive many people.

▪ **불법이 성하므로 많은 사람의 사랑이 식어지리라**

12 불법이 성하므로 많은 사람의 사랑이 식어지리라

12 Because of the increase of wickedness, the love of most will grow cold,

■ **그러나 끝까지 견디는 자는 구원을 얻으리라**

13 그러나 끝까지 견디는 자는 구원을 얻으리라 (마24:11~13)

13 but he who stands firm to the end will be saved. (Matthew 24:11~13)

21 그때에 어떤 사람이 너희에게 말하되 보라 그리스도가 여기 있다 보라 저기 있다 하여도 믿지 말라

21 At that time if anyone says to you, Look, here is the Christ! or, Look, there he is! do not believe it.

■ **거짓 그리스도들과 거짓 선지자들이 일어나서 이적과 기사를 행하여 할 수만 있으면 택하신 자들을 미혹하려 하리라**

22 거짓 그리스도들과 거짓 선지자들이 일어나서 이적과 기사를 행하여 할 수만 있으면 택하신 자들을 미혹하려 하리라

22 For false Christs and false prophets will appear and perform signs and miracles to deceive the elect-if that were possible.

23 너희는 삼가라 내가 모든 일을 너희에게 미리 말하였노라 (막13:21~23)

23 So be on your guard; I have told you everything ahead of time. (Mark 13:21~23)

모든 사람이 너희를 칭찬하면 화가 있도다 그들의 조상들이 거짓 선지자들에게 이와 같이 하였느니라 (눅6:26)

Woe to you when all men speak well of you, for that is how their fathers treated the false prophets. (Luke 6:26)

사랑하는 자들아 영을 다 믿지 말고 오직 영들이 하나님께 속하였나 분별하라 많은 거짓 선지자가 세상에 나왔음이라 (요일4:1)

Dear friends, do not believe every spirit, but test the spirits to see whether they are from God, because many false prophets have gone out into the world.

그러나 백성 가운데 또한 거짓 선지자들이 일어났었나니 이와 같이 너희 중에도 거짓 선생들이 있으리라 그들은 멸망하게 할 이단을 가만히 끌어들여 자기들을 사신 주를 부인하고 임박한 멸망을 스스로 취하는 자들이라 (벧후2:1)

But there were also false prophets among the people, just as there will be false teachers among you. They will secretly introduce destructive heresies, even denying the sovereign Lord who bought them-bringing swift destruction on themselves. (2 Peter 2:1)

또 그들을 미혹하는 마귀가 불과 유황못에 던져지니 거기는 그 짐승과 거짓 선지자도 있어 세세토록 밤낮 괴로움을 받으리라 (계20:10)

And the devil, who deceived them, was thrown into the lake of burning sulfur, where the beast and the false prophet had been thrown. They will be tormented day and night for ever and ever. (Revelation 20:10)

7. 다른 교훈을 가르치지 말라

not to teach false doctrines any longer

Part 3

● 다른 교훈을 가르치지 말라

▪ 다른 교훈을 가르치지 말며

3 내가 마케도냐로 갈 때에 너를 권하여 에베소에 머물라 한 것은 어떤
사람들을 명하여 다른 교훈을 가르치지 말며

▪ not to teach false doctrines any longer

3 As I urged you when I went into Macedonia, stay there in Ephesus
so that you may command certain men not to teach false doctrines
any longer

▪ 신화와 끝없는 족보에 몰두하지 말게 하려 함이라

4 신화와 끝없는 족보에 몰두하지 말게 하려 함이라 이런 것은 믿음 안
에 있는 하나님의 경륜을 이룸보다 도리어 변론을 내는 것이라

4 nor to devote themselves to myths and endless genealogies. These
promote controversies rather than God's work-which is by faith.

▪ 이 교훈의 목적은 청결한 마음과 선한 양심과 거짓이 없는 믿음에서 나오는 사랑이거늘

5 이 교훈의 목적은 청결한 마음과 선한 양심과 거짓이 없는 믿음에서
나오는 사랑이거늘

5 The goal of this command is love, which comes from a pure heart
and a good conscience and a sincere faith

6 사람들이 이에서 벗어나 헛된 말에 빠져

6 Some have wandered away from these and turned to meaningless talk.

- **율법의 선생이 되려 하나 자기가 말하는 것이나 자기가 확증하는 것도 깨닫지 못하는도다**

7 율법의 선생이 되려 하나 자기가 말하는 것이나 확증하는 것도 깨닫
지 못하는도다

7 They want to be teachers of the law, but they do not know what they are talking about or what they so confidently affirm.

- **그러나 율법은 사람이 적법하게만 쓰면 선한 것임을 우리는 아노라**

8 그러나 율법은 사람이 적법하게만 쓰면 선한 것임을 우리는 아노라

8 We know that the law is good if one uses it properly.

- **알 것은 이것이니 율법은 옳은 사람을 위하여 세운 것이 아니요**
- **오직 불법한 자와 복종하지 아니하는 자와 경건하지 아니한 자와 죄인과 거룩하지 아니한 자와 망령된 자와 아버지를 죽이는 자와 어머니를 죽이는 자와 살인하는 자며**

9 알 것은 이것이니 율법은 옳은 사람을 위하여 세운 것이 아니요 오직
불법한 자와 복종하지 아니하는 자와 경건하지 아니한 자와 죄인과
거룩하지 아니한 자와 망령된 자와 아버지를 죽이는 자와 어머니를
죽이는 자와 살인하는 자며

9 We also know that law is made not for the righteous but for law-

breakers and rebels, the ungodly and sinful, the unholy and irreligious; for those who kill their fathers or mothers, for murderers,

▪ **음행하는 자와 남색하는 자와 인신매매를 하는 자와**
거짓말하는 자와 거짓맹세하는 자와 기타 바른 교훈을
거스르는 자를 위함이니

10 음행하는 자와 남색하는 자와 인신매매를 하는 자와 거짓말하는 자
와 거짓맹세하는 자와 기타 바른 교훈을 거스르는 자를 위함이니

10 for adulterers and perverts, for slave traders and liars and perjurer-and for whatever else is contrary to the sound doctrine

▪ **이 교훈은 내게 맡기신 바 복되신 하나님의 영광의 복음을 따름이니라**

11 이 교훈은 내게 맡기신 바 복되신 하나님의 영광의 복음을 따름이
니라 (딤전1:3~11)

11 that conforms to the glorious gospel of the blessed God, which he entrusted to me. (1Timothy 1:3~11)

▪ **무릇 멍에 아래 있는 종들은 자기 상전들을**
범사에 마땅히 공경할 자로 알지니 이는 하나님의 이름과
교훈으로 비방을 받지 않게 하려 함이라

1 무릇 멍에 아래 있는 종들은 자기 상전들을 범사에 마땅히 공경할 자
로 알지니 이는 하나님의 이름과 교훈으로 비방을 받지 않게 하려 함
이라

1 All who are under the yoke of slavery should consider their masters worthy of full respect, so that God's name and our teaching

may not be slandered.

- **믿는 상전이 있는 자들은 그 상전을 형제라고 가볍게 여기지 말고 더 잘 섬기게 하라 이는 유익을 받는 자들이 믿는 자요 사랑을 받는 자임이라 너는 이것들을 권하고 가르치라**

2 믿는 상전이 있는 자들은 그 상전을 형제라고 가볍게 여기지 말고 더 잘 섬기게 하라 이는 유익을 받는 자들이 믿는 자요 사랑을 받는 자임이라 너는 이것들을 권하고 가르치라 (딤전6:1~2)

2 Those who have believing masters are not to show less respect for them because they are brothers. Instead, they are to serve them even better, because those who benefit from their service are believers, and dear to them. These are the things you are to teach and urge on them. (1Timothy 6:1~2)

제4장

하나님의 입으로부터 나오는 모든 말씀으로 살 것이라

but on every word that comes from the mouth of God

Part 4

1. 말씀과 경건에 관한 교훈

For the love of money is a root of all kinds of evil.

- **누구든지 다른 교훈을 하며 바른 말 곧 우리 주 예수 그리스도의 말씀과 경건에 관한 교훈을 따르지 아니하면**

3 누구든지 다른 교훈을 하며 바른 말 곧 우리 주 예수 그리스도의 말씀과 경건에 관한 교훈을 따르지 아니하면

3 If anyone teaches false doctrines and does not agree to the sound instruction of our Lord Jesus Christ and to godly teaching,

- **그는 교만하여 아무것도 알지 못하고**

4 그는 교만하여 아무것도 알지 못하고 변론과 언쟁을 좋아하는 자니 이로써 투기와 분쟁과 비방과 악한 생각이 나며

4 he is conceited and understands nothing. He has an unhealthy interest in controversies and quarrels about words that result in envy, strife, malicious talk, evil suspicions

▪ **마음이 부패하여지고 진리를 잃어버려**
경건을 이익의 방도로 생각하는 자들의 다툼이 일어나느니라

5 마음이 부패하여지고 진리를 잃어버려 경건을 이익의 방도로 생각하
는 자들의 다툼이 일어나느니라

5 and constant friction between men of corrupt mind, who have
been robbed of the truth and who think that godliness is a means
to financial gain.

▪ **그러나 자족하는 마음이 있으면 경건은 큰 이익이 되느니라**

6 그러나 자족하는 마음이 있으면 경건은 큰 이익이 되느니라

6 But godliness with contentment is great gain.

▪ **우리가 세상에 아무것도 가지고 온 것이 없으매**
또한 아무것도 가지고 가지 못하리니

7 우리가 세상에 아무것도 가지고 온 것이 없으매 또한 아무것도 가지
고 가지 못하리니

7 For we brought nothing into the world, and we can take nothing
out of it.

▪ **우리가 먹을 것과 입을 것이 있은즉**
족한 줄로 알 것이니라

8 우리가 먹을 것과 입을 것이 있은즉 족한 줄로 알 것이니라

8 But if we have food and clothing, we will be content with that.

▪ **부하려 하는 자들은 시험과 올무와 여러 가지 어리석고 해로운**
욕심에 떨어지나니 곧 사람으로 파멸과 멸망에 빠지게 하는 것이라

9 부하려 하는 자들은 시험과 올무와 여러 가지 어리석고 해로운 욕심

에 떨어지나니 곧 사람으로 파멸과 멸망에 빠지게 하는 것이라

9 People who want to get rich fall into temptation and a trap and into
many foolish and harmful desires that plunge men into ruin and
destruction.

- **돈을 사랑함이 일만 악의 뿌리가 되나니 이것을 탐내는 자들은 미혹을 받아 믿음에서 떠나 많은 근심으로써 자기를 찔렀도다**

10 돈을 사랑함이 일만 악의 뿌리가 되나니 이것을 탐내는 자들은 미
혹을 받아 믿음에서 떠나 많은 근심으로써 자기를 찔렀도다 (딤전
6:3~10)

- **For the love of money is a root of all kinds of evil**

10 For the love of money is a root of all kinds of evil. Some people,
eager for money, have wandered from the faith and pierced
themselves with many griefs. (1Timothy 6:3~10)

2. 믿음의 선한 싸움

Paul's Charge to Timothy

- **오직 너 하나님의 사람아 이것들을 피하고 의와 경건과 믿음과 사랑과 인내와 온유를 따르며**

11 오직 너 하나님의 사람아 이것들을 피하고 의와 경건과 믿음과 사랑과 인내와 온유를 따르며

11 But you, man of God, flee from all this, and pursue righteousness, godliness, faith, love, endurance and gentleness.

- **믿음의 선한 싸움을 싸우라 영생을 취하라 이를 위하여 네가 부르심을 받았고 많은 증인 앞에서 선한 증언을 하였도다**

12 믿음의 선한 싸움을 싸우라 영생을 취하라 이를 위하여 네가 부르심을 받았고 많은 증인 앞에서 선한 증언을 하였도다

12 Fight the good fight of the faith. Take hold of the eternal life to which you were called when you made your good confession in the presence of many witnesses.

- **만물을 살게 하신 하나님 앞과 본디오 빌라도를 향하여 선한 증언을 하신 그리스도 예수 앞에서 내가 너를 명하노니**

13 만물을 살게 하신 하나님 앞과 본디오 빌라도를 향하여 선한 증언을 하신 그리스도 예수 앞에서 내가 너를 명하노니

13 In the sight of God, who gives life to everything, and of Christ Jesus, who while testifying before Pontius Pilate made the good

confession, I charge you

▪ **우리 주 예수 그리스도께서 나타나실 때까지**
흠도 없고 책망받을 것도 없이 이 명령을 지키라

14 우리 주 예수 그리스도께서 나타나실 때까지 흠도 업고 책망받을
것도 없이 이 명령을 지키라

14 to keep this command without spot or blame until the appearing
of our Lord Jesus Christ,

▪ **기약이 이르면 하나님이 그의 나타나심을 보이시리니 하나님은**
복되시고 유일하신 주권자이시며 만왕의 왕이시며 만주의 주시요

15 기약이 이르면 하나님이 그의 나타나심을 보이시리니 하나님은 복
되시고 유일하신 주권자이시며 만왕의 왕이시며 만주의 주시요

15 which God will bring about in his own time-God, the blessed and
only Ruler, the King of kings and Lord of lords,

▪ **오직 그에게만 죽지 아니함이 있고 가까이 가지 못할 빛에**
거하시고 어떤 사람도 보지 못하였고 또 볼 수 없는 이시니
그에게 존귀와 영원한 권능을 돌릴지어다 아멘

16 오직 그에게만 죽지 아니함이 있고 가까이 가지 못할 빛에 거하시
고 어떤 사람도 보지 못하였고 또 볼 수 없는 이시니 그에게 존귀와
영원한 권능을 돌릴지어다 아멘

16 who above is immortal and who lives in unapproachable light,
whom no one has seen or can see. To him be honor and might
forever. Amen.

Part 4

▪ **네가 이 세대에서 부한 자들을 명하여 마음을 높이지 말고**
정함이 없는 재물에 소망을 두지 말고 오직 우리에게
모든 것을 후히 주사 누리게 하시는 하나님께 두며

17 네가 이 세대에서 부한 자들을 명하여 마음을 높이지 말고 정함이 없는 재물에 소망을 두지 말고 오직 우리에게 모든 것을 후히 주사 누리게 하시는 하나님께 두며

17 Command those who are rich in this present world not to be arrogant nor to put their hope in wealth, which is so uncertain, but to put their hope in God, who richly provides us with everything for our enjoyment.

▪ **선을 행하고 선한 사업을 많이 하고**
나누어 주기를 좋아하며 너그러운 자가 되게 하라

18 선을 행하고 선한 사업을 많이 하고 나누어 주기를 좋아하며 너그러운 자가 되게 하라

18 Command them to do good, to be rich in good deeds, and to be generous and willing to share.

▪ **이것이 장래에 자기를 위하여 좋은 터를 쌓아**
참된 생명을 취하는 것이니라

19 이것이 장래에 자기를 위하여 좋은 터를 쌓아 참된 생명을 취하는 것이니라

19 In this way they will lay up treasure for themselves as a firm foundation for the coming age, so that they may take hold of the life that is truly life.

20 디모데야 망령되고 헛된 말과 거짓된 지식의 반론을 피함으로 네게
부탁한 것을 지키라
20 Timothy, guard what has been entrusted to your care. Turn away
from godless chatter and the opposing ideas of what is falsely
called knowledge,
21 이것을 따르는 사람들이 있어 믿음에서 벗어났느니라 은혜가 너희
와 함께 있을지어다 (딤전6:11~21)
21 which some have professed and in so doing have wandered from
the faith. Grace be with you. (1Timothy 6:11~21)

3. 다윗의 아들 예루살렘 왕 전도자의 말씀이라

The words of the Teacher, son of David, king in Jerusalem.

● 모든 것이 헛되다

- **전도자가 이르되 헛되고 헛되며 헛되고 헛되니 모든 것이 헛되도다**

2 전도자가 이르되 헛되고 헛되며 헛되고 헛되니 모든 것이 헛되도다
"Meaningless!" says the Teacher. "Utterly meaningless! Everything is meaningless."

- **해 아래에서 수고하는 모든 수고가 사람에게 무엇이 유익한가**

3 해 아래에서 수고하는 모든 수고가 사람에게 무엇이 유익한가
3 What does man gain from all his labor at which he toils under the sun?

- **한 세대는 가고 한 세대는 오되 땅은 영원히 있도다**

4 한 세대는 가고 한 세대는 오되 땅은 영원히 있도다
4 Generations come and generations go, but the earth remains forever.

- **해는 뜨고 해는 지되 그 떴던 곳으로 빨리 돌아가고**

5 해는 뜨고 해는 지되 그 떴던 곳으로 빨리 돌아가고
5 The sun rises and the sun sets, and hurries back to where it rises.
6 바람은 남으로 불다가 북으로 돌아가며 이리 돌며 저리 돌아 바람은 그 불던 곳으로 돌아가고

6 The wind blows to the south and turns to the north; round and round it goes, ever returning on its course.

7 모든 강물은 다 바다로 흐르되 바다를 채우지 못하며 강물은 어느 곳으로 흐르든지 그리로 연하여 흐르느니라

7 All streams flow into the sea, yet the sea is never full. To the place the streams come from, there they return again.

8 모든 만물이 피곤하다는 것을 사람이 말로 다 말할 수는 없나니 눈은 보아도 족함이 없고 귀는 들어도 가득 차지 아니하도다

8 All things are wearisome, more than one can say. The eye never has enough of seeing, nor the ear its fill of hearing.

9 이미 있던 것이 후에 다시 있겠고 이미 한 일을 후에 다시 할지라 해 아래에는 새것이 없나니

9 What has been will be again, what has been done will be done again; there is nothing new under the sun.

10 무엇을 가리켜 이르기를 보라 이것이 새것이라 할 것이 있으랴 우리가 있기 오래전 세대들에도 이미 있었느니라

10 Is there anything of which one can say, "Look! This is something new"? It was here already, long ago, it was here before our time.

11 이전 세대들이 기억됨이 없으니 장래 세대도 그후 세대들과 함께 기억됨이 없으리라 (전 1:2~11)

11 There is no remembrance of men of old, and even those who are yet to come will not be remembered by those who follow. (Ecclesiastes 1:2~11)

● 모든 일에 때가 있다

▪ **범사에 때가 있고 천하만사가 다 때가 있나니**

1 범사에 때가 있고 천하만사가 다 때가 있나니

1 There is a time for everything, and a season for every activity under heaven.

▪ **날 때가 있고 죽을 때가 있으며 심을 때가 있고 심은 것을 뽑을 때가 있으며**

2 날 때가 있고 죽을 때가 있으며 심을 때가 있고 심은 것을 뽑을 때가 있으며

2 a time to be born and a time to die, a time to plant and a time to uproot,

▪ **죽일 때가 있고 치료할 때가 있으며 헐 때가 있고 세울 때가 있으며**

3 죽일 때가 있고 치료할 때가 있으며 헐 때가 있고 세울 때가 있으며

3 a time to kill and a time to heal, a time to tear down and a time to build,

▪ **울 때가 있고 웃을 때가 있으며 슬퍼할 때가 있고 춤출 때가 있으며**

4 울 때가 있고 웃을 때가 있으며 슬퍼할 때가 있고 춤출 때가 있으며

4 a time to weep and a time to laugh, a time to mourn and a time to dance,

5 돌을 던져 버릴 때가 있고 돌을 거둘 때가 있으며 안을 때가 있고 안는 일을 멀리할 때가 있으며

5 a time to scatter stones and a time to gather them, a time to em-
brace and a time to refrain
6 찾을 때가 있고 잃을 때가 있으며 지킬 때가 있고 버릴 때가 있으며
6 a time to search and a time to give up, a time to keep and a time to
throw away,
7 찢을 때가 있고 꿰맬 때가 있으며 잠잠할 때가 있고 말할 때가 있으
며
7 a time to tear and a time to mend, a time to be silent and a time to
speak,
8 사랑할 때가 있고 미워할 때가 있으며 전쟁할 때가 있고 평화할 때가
있느니라
8 a time to love and a time to hate, a time for war and a time for
peace.
9 일하는 자가 그의 수고로 말미암아 무슨 이익이 있으랴
9 What does the worker gain from his toil?

- **하나님이 인생들에게 노고를 주사 애쓰게 하신 것을 내가 보았노라**

10 하나님이 인생들에게 노고를 주사 애쓰게 하신 것을 내가 보았노라
10 I have seen the burden God has laid on men.

- **하나님이 모든 것을 지으시되 때를 따라 아름답게 하셨고**
- **또 사람에게는 영원을 사모하는 마음을 주셨느니라**
- **그러나 하나님이 하시는 일의 시종을 사람으로 측량할 수 없게 하셨도다**

Part 4

11 하나님이 모든 것을 지으시되 때를 따라 아름답게 하셨고 또 사람
에게는 영원을 사모하는 마음을 주셨느니라 그러나 하나님이 하시
는 일의 시종을 사람으로 측량할 수 없게 하셨도다
11 He has made everything beautiful in its time. He has also set eter-
nity in the hearts of men; yet they cannot fathom what God has
done from beginning to end.

- **사람들이 사는 동안에 기뻐하며 선을 행하는 것보다 더 나은 것이 없는 줄을 내가 알았고**

12 사람들이 사는 동안에 기뻐하며 선을 행하는 것보다 더 나은 것이
없는 줄을 내가 알았고
12 I know that there is nothing better for men than to be happy and
do good while they live.

- **사람마다 먹고 마시는 것과 수고함으로 낙을 누리는 그것이 하나님의 선물인 줄도 또한 알았도다**

13 사람마다 먹고 마시는 것과 수고함으로 낙을 누리는 그것이 하나님
의 선물인 줄도 또한 알았도다
13 That everyone may eat and drink, and find satisfaction in all his
toil-this is the gift of God.

- **하나님께서 행하시는 모든 것은 영원히 있을 것이라**
- **그 위에 더할 수도 없고 그것에서 덜힐 수도 없나니**
- **하나님이 이같이 행하심은 사람들이 그의 앞에서 경외하게 하려 하심인 줄을 내가 알았도다**

14 하나님이 행하시는 모든 것은 영원히 있을 것이라 그 위에 더할 수

도 없고 덜할 수도 없나니 하나님이 이같이 행하심은 사람들이 그
의 앞에서 경외하게 하려 하심인 줄을 내가 알았도다

14 I know that everything God does will endure forever; nothing can
be added to it and nothing taken from it. God does it so that men
will revere him.

- **이제 있는 것이 옛적에 있었고 장래에 있을 것도 옛적에 있었나니 하나님은 이미 지난 것을 다시 찾으시니라**

15 이제 있는 것이 옛적에 있었고 장래에 있을 것도 옛적에 있었나니
하나님은 이미 지난 것을 다시 찾으시니라

15 Whatever is has already been, and what will be has been before;
and God will call the past to account.

- **또 내가 해 아래에서 보건대 재판하는 곳 거기에도 악이 있고 정의를 행하는 곳 거기에도 악이 있도다**

16 또 내가 해 아래에서 보건대 재판하는 곳 거기에도 악이 있고 정의
를 행하는 곳 거기에도 악이 있도다

16 And I saw something else under the sun; In the place of judg-
ment-wickedness was there, in the place of justice-wickedness
there.

- **내가 내 마음속으로 이르기를 의인과 악인을 하나님이 심판하리니 이는 모든 소망하는 일과 모든 행사에 때가 있음이라 하였으며**

17 내가 내 마음속으로 이르기를 의인과 악인을 하나님이 심판하리니
이는 모든 소망하는 일과 모든 행사에 때가 있음이라 하였으며

17 I thought in my heart, "God will bring to judgment both the righ-

teous and the wicked, for there will be a time for every activity, a time for every deed."

18 내가 내 마음속으로 이르기를 인생들의 일에 대하여 하나님이 그들을 시험하시리니 그들이 자기가 짐승과 다름이 없는 줄을 깨닫게 하려 하심이라

18 I also thought, "As for men, God tests them so that they may see that they are like the animals.

19 인생이 당하는 일을 짐승도 당하나니 그들이 당하는 일이 일반이라 다 동일한 호흡이 있어서 짐승이 죽음같이 사람도 죽으니 사람이 짐승보다 뛰어남이 없음은 모든 것이 헛됨이로다

19 Man's fate is like that of the animals; the same fate awaits them both: As one dies, so dies the other. All have the same breath; man has no advantage over the animal. Everything is meaningless.

20 다 흙으로 말미암았으므로 다 흙으로 돌아가나니 다 한 곳으로 가거니와

20 All go to the same place; all come from dust, and to dust all return.

- **인생들의 혼은 위로 올라가고 짐승의 혼은 아래 곧 땅으로 내려가는 줄을 누가 알랴**

21 인생들의 혼은 위로 올라가고 짐승의 혼은 아래 곧 땅으로 내려가는 줄을 누가 알랴

21 Who knows if the spirit of man rises upward and if the spirit of the animal goes down into the earth?

- **그러므로 나는 사람이 자기 일에 즐거워하는 것보다 더 나은 것이 없음을 보았나니 이는 그것이 그의 몫이기 때문이라**
- **그의 뒤에 일어날 일이 무엇인지를 보게 하려고 그를 도로 데리고 올 자가 누구이랴**

22 그러므로 나는 사람이 자기 일에 즐거워하는 것보다 더 나은 것이
없음을 보았나니 이는 그것이 그의 몫이기 때문이라 그의 뒤에 일어
날 일이 무엇인지를 보게 하려고 그를 도로 데리고 올 자가 누구이랴
(전3:1~22)

22 So I saw that there is nothing better for a man than to enjoy his
work, because that is his lot. For who can bring him to see what
will happen after him? (Ecclesiastes 3:1~22)

● 하나님을 경외하라

● Therefore stand in awe of God

- **너는 하나님의 집에 들어갈 때에 네 발을 삼갈지어다**
- **가까이 하여 말씀을 듣는 것이 우매한 자들이 제물 드리는 것보다 나으니 그들은 악을 행하면서도 깨닫지 못함이니라**

1 너는 하나님의 집에 들어갈 때에 네 발을 삼갈지어다 가까이 하여 말
씀을 듣는 것이 우매한 자들이 제물 드리는 것보다 나으니 그들은 악
을 행하면서도 깨닫지 못함이니라

1 Guard your steps when you go to the house of God. Go near to lis-
ten rather than to offer the sacrifice of fools, who do not know that
they do wrong.

▪ **너는 하나님 앞에서 함부로 입을 열지 말며 급한 마음으로 말을 내지 말라 하나님은 하늘에 계시고**

▪ **너는 땅에 있음이니라 그런즉 마땅히 말을 적게 할 것이라**

2 너는 하나님 앞에서 함부로 입을 열지 말며 급한 마음으로 말을 내지 말라 하나님은 하늘에 계시고 너는 땅에 있음이니라 그런즉 마땅히 말을 적게 할 것이라

2 Do not be quick with your mouth, do not be hasty in your heart to utter anything before God. God is in heaven and you are on earth, so let your words be few.

3 걱정이 많으면 꿈이 생기고 말이 많으면 우매한 자의 소리가 나타나느니라

3 As a dream comes when there are many cares, so the speech of a fool when there are many words

▪ **네가 하나님께 서원하였거든 갚기를 더디게 하지 말라**

▪ **하나님은 우매한 자들을 기뻐하지 아니하시나니 서원한 것을 갚으라**

4 네가 하나님께 서원하였거든 갚기를 더디게 하지 말라 하나님은 우매한 자들을 기뻐하지 아니하시나니 서원한 것을 갚으라

When you make a vow to God, do not delay in fulfilling it. He has no pleasure in fools; fulfill your vow.

▪ **서원하고 갚지 아니하는 것보다 서원하지 아니하는 것이 나으니**

5 서원하고 갚지 아니하는 것보다 서원하지 아니하는 것이 나으니

5 It is better not to vow than to make a vow and not fulfill it.

- **네 입으로 네 육체가 범죄하게 하지 말라**
  사자 앞에서 내가 서원한 것이 실수라고 말하지 말라
- **어찌 하나님께서 네 목소리로 말미암아 진노하사**
  네 손으로 한 것을 멸시하게 하랴

6 네 입으로 네 육체가 범죄하게 하지 말라 사자 앞에서 네가 서원한
것이 실수라고 말하지 말라 어찌 하나님께서 네 목소리로 말미암아
진노하사 네 손으로 한 것을 멸시하게 하랴

6 Do not let your mouth lead you into sin. And do not protest to the
temple messenger, "My vow was mistake." Why should God be
angry at what you say and destroy the work of your hands?

- **꿈이 많으면 헛된 일들이 많아지고 말이 많아도 그러하니**
  오직 너는 하나님을 경외할지라

7 꿈이 많으면 헛된 일들이 많아지고 말이 많아도 그러하니 오직 너는
하나님을 경외할지라

- **Therefore stand in awe of God**

7 Much dreaming and many words are meaningless. Therefore stand
in awe of God.

8 너는 어느 지방에서든지 빈민을 학대하는 것과 정의와 공의를 짓밟
는 것을 볼지라도 그것을 이상히 여기지 말라 높은 자는 더 높은 자
가 감찰하고 또 그들보다 더 높은 자들도 있음이니라

8 If you see the poor oppressed in a district, and justice and rights
denied, do not be surprised at such things; for one official is eyed
by a higher one, and over them both are others higher still.

- **땅의 소산물은 모든 사람을 위하여 있나니**
- **왕도 밭의 소산을 받느니라**

9 땅의 소산물은 모든 사람을 위하여 있나니 왕도 밭의 소산을 받느니라 (전5:1~9)

9 The increase from the land is taken by all; the King himself profits from the fields. (Ecclesiastes 5:1~9)

- **형통한 날에는 기뻐하고 곤고한 날에는 되돌아보아라**
- **이 두 가지를 하나님이 병행하게 하사**
- **사람이 그의 장래 일을 능히 헤아려 알지 못하게 하셨느니라**

형통한 날에는 기뻐하고 곤고한 날에는 되돌아보아라 이 두 가지를 하나님이 병행하게 하사 사람이 그의 장래 일을 능히 헤아려 알지 못하게 하셨느니라 (전7:14)

When times are good, be happy; but when times are bad, consider: God has made the one as well as the other. Therefore, a man cannot discover anything about his future. (Ecclesiastes 7:14)

- **또 내가 하나님의 모든 행사를 살펴보니 해 아래에서 행해지는 일을 사람이 능히 알아낼 수 없도다**
- **사람이 아무리 애써 알아보려고 할지라도 능히 알지 못하나니 비록 지혜자가 아노라 할지라도 능히 알아내지 못하리로다**

또 내가 하나님의 모든 행사를 살펴보니 해 아래에서 행해지는 일을 사람이 능히 알아낼 수 없도다 사람이 아무리 애써 알아보려고 할지

라도 능히 알지 못하나니 비록 지혜자가 아노라 할지라도 능히 알아 내지 못하리로다 (전8:17)

then I so all that God has done. No one can comprehend what goes on under the sun. Despite all his efforts to search it out, man cannot discover its meaning. Even if a wise man claims he knows, he cannot really comprehend it. (Ecclesiastes 8:17)

● 모두 다 하나님의 손 안에 있다

- **이 모든 것을 내가 마음에 두고 이 모든 것을 살펴본즉**
- **의인들이나 지혜자들이나 그들의 행위나 모두 다 하나님의 손 안에 있으니**
- **사랑을 받을는지 미움을 받을는지 사람이 알지 못하는 것은 모두 그들의 미래의 일들임이니라**

1 이 모든 것을 내가 내 마음에 두고 이 모든 것을 살펴본즉 의인들이나 지혜자들이나 그들의 행위나 모두 다 하나님의 손 안에 있으니 사랑을 받을는지 미움을 받을는지 사람이 알지 못하는 것은 모두 그들의 미래의 일들임이니라

1 So I reflected on all this and concluded that the righteous and the wise and what they do are in God's hands, but no man knows whether love or hate awaits him.

2 모든 사람에게 임하는 그 모든 것이 일반이라 의인과 악인, 선한 자와 깨끗한 자와 깨끗하지 아니한 자, 제사를 드리는 자와 제사를 드리지 아니하는 자에게 일어나는 일들이 모두 일반이니 선인과 죄인, 맹세하는 자와 맹세하기를 무서워하는 자가 일반이로다

2 All share a common destiny-the righteous and the wicked, the good and the bad, the clean and the unclean, those who offer sacrifices and those who do not. At it is with the good man, so with the sinner; as it is with those who take oaths, so with those who are afraid to take them.

3 모든 사람의 결국은 일반이라 이것은 해 아래에서 행해지는 모든 일 중의 악한 것이니 곧 인생의 마음에는 악이 가득하여 그들의 평생에 미친 마음을 품고 있다가 후에는 죽은 자들에게로 돌아가는 것이라

3 This is the evil in everything that happens under the sun: The same destiny overtakes all. The hearts of men, moreover, are full of evil and there is madness in their hearts while they live, and afterward they join the dead.

▪ 모든 산 자들 중에 들어 있는 자에게는 누구나 소망이 있음은

4 모든 산 자들 중에 들어 있는 자에게는 누구나 소망이 있음은 산 개가 죽은 사자보다 낫기 때문이니라

4 Anyone who is among the living has hope-even a live dog is better off than a dead lion!

5 산 자들은 죽을 줄을 알되 죽은 자들은 아무것도 모르며 그들이 다시는 상을 받지 못하는 것은 그들의 이름이 잊어버린 바 됨이니라

5 For the living know that they will die, but the dead know nothing; they have no further reward, and even the memory of them is forgotten.

6 그들의 사랑과 미움과 시기도 없어진지 오래이니 해 아래에서 행하

는 모든 일 중에서 그들에게 돌아갈 몫은 영원히 없느니라

6 Their love, their hate and their jealousy have long since vanished;
never again will they have a part in anything that happens under
the sun.

- **너는 가서 기쁨으로 네 음식물을 먹고 즐거운 마음으로 네 포도주를 마실지어다**
- **이는 하나님이 네가 하는 일들을 벌써 기쁘게 받으셨음이니라**

7 너는 가서 기쁨으로 네 음식물을 먹고 즐거운 마음으로 네 포도주를
마실지어다 이는 하나님이 네가 하는 일들을 벌써 기쁘게 받으셨음
이니라

7 Go, eat your food with gladness, and drink your wine with a joyful
heart, for it is now that God favors what you do.

- **네 의복을 항상 희게 하며 네 머리에 향기름을 그치지 아니하도록 할지니라**

8 네 의복을 항상 희게 하며 네 머리에 향기름을 그치지 아니하도록 할
지니라

8 Always be clothed in white, and always anoint your head with oil.

- **네 헛된 평생의 모든 날 곧 하나님이 해 아래에서 네게 주신 모든 헛된 날에 네가 사랑하는 아내와 함께 즐겁게 살지어다**
- **그것이 네가 평생에 해 아래에서 수고하고 얻은 네 몫이니라**

9 네 헛된 평생의 모든 날 곧 하나님이 해 아래에서 네게 주신 모든 헛
된 날에 네가 사랑하는 아내와 함께 즐겁게 살지어다 그것이 네가 평
생에 해 아래에서 수고하고 얻은 네 몫이니라

Part 4

9 Enjoy life with your wife, whom you love, all the days of this
meaningless life that God has given you under the sun-all your
meaningless days. For this is your lot in life and in your toilsome
labor under the sun.

- **네 손이 일을 얻는 대로 힘을 다하여 할지어다 네가 장차 들어갈 스올에는 일도 없고 계획도 없고 지식도 없고 지혜도 없음이니라**

10 네 손이 일을 얻는 대로 힘을 다하여 할지어다 네가 장차 들어갈 스
올에는 일도 없고 계획도 없고 지식도 없고 지혜도 없음이니라

10 Whatever your hand finds to do, do it with all your might, for in
the grave, where you are going, there is neither working nor plan-
ning nor knowledge nor wisdom.

11 내가 다시 해 아래에서 보니 빠른 경주자들이라고 선착하는 것이
아니며 용사들이라고 전쟁에 승리하는 것이 아니며 지혜자들이라고
음식물을 얻는 것도 아니며 명철자들이라고 재물을 얻는 것도 아니
며 지식인들이라고 은총을 입는 것이 아니니 이는 시기와 기회는 그
들 모두에게 임함이니라

11 I have seen something else under the sun: The race is not to the
swift or the battle to the strong, nor does food come to the wise or
wealth to the brilliant or favor to the learned; but time and chance
happen to them all.

- **분명히 사람은 자기의 시기도 알지 못하나니**
- **물고기들이 재난의 그물에 걸리고 새들이 올무에 걸림같이**
- **인생들도 재앙의 날이 그들에게 홀연히 임하면 거기에 걸리느니라**

12 분명히 사람은 자기의 시기도 알지 못하나니 물고기들이 재난의 그
물에 걸리고 새들이 올무에 걸림같이 인생들도 재앙의 날이 그들에
게 홀연히 임하면 거기에 걸리느니라 (전9:1~12)
12 Moreover, no man knows when his hour will come: As fish are caught in a cruel net, or birds are taken in a snare, so men are trapped by evil times that fall unexpectedly upon them. (Ecclesiastes 9:1~12)

Part 4

▪ 흙은 여전히 땅으로 돌아가고 영은 그것을 주신 하나님께로 돌아가기 전에 기억하라

7 흙은 여전히 땅으로 돌아가고 영은 그것을 주신 하나님께로 돌아가기 전에 기억하라
7 and the dust returns to the ground it came from, and the spirit returns to God who gave it.

▪ 전도자가 이르되 헛되고 헛되도다 모든 것이 헛되도다

8 전도자가 이르되 헛되고 헛되도다 모든 것이 헛되도다 (전12:7~8)
8 "Meaningless! Meaningless!" says the Teacher. "Everything is meaningless!"

● 사람의 본분

- **전도자는 지혜자이어서 여전히 백성에게 지식을 가르쳤고 또 깊이 생각하고 연구하여 잠언을 많이 지었으며**

9 전도자는 지혜자이어서 여전히 백성에게 지식을 가르쳤고 또 깊이
생각하고 연구하여 잠언을 많이 지었으며

9 Not only was the Teacher wise, but also he imparted knowledge to
the people. He pondered and searched out and set in order many
proverbs

- **전도자는 힘써 아름다운 말들을 구하였나니 진리의 말씀들을 정직하게 기록하였느니라**

10 전도자는 힘써 아름다운 말들을 구하였나니 진리의 말씀들을 정직
하게 기록하였느니라

10 The Teacher searched to find just the right words, and what he
wrote was upright and true.

- **지혜자들의 말씀들은 찌르는 채찍들 같고**
- **회중의 스승들의 말씀들은 잘 박힌 못 같으니**
- **다 한 목자가 주신 바이니라**

11 지혜자들의 말씀들은 찌르는 채찍들 같고 회중의 스승들의 말씀들
은 잘 박힌 못 같으니 다 한 목자가 주신 바이니라

11 The words of the wise are like goads, their collected sayings like
firmly embedded nails-given by one Shepherd.

- **내 아들아 또 이것들로부터 경계를 받으라**
- **많은 책들을 짓는 것은 끝이 없고**

많이 공부하는 것은 몸을 피곤하게 하느니라

12 내 아들아 또 이것들로부터 경계를 받으라 많은 책들을 짓는 것은
끝이 없고 많이 공부하는 것은 몸을 피곤하게 하느니라

12 Be warned, my son, of anything in addition to them. Of making
many books there is no end, and much study wearies the body.

- **일의 결국을 다 들었으니**
- **하나님을 경외하고 그의 명령들을 지킬지어다**
- **이것이 모든 사람의 본분이니라**

13 일의 결국을 다 들었으니 하나님을 경외하고 그의 명령들을 지킬지
어다 이것이 모든 사람의 본분이니라

13 Now all has been heard; here is the conclusion of the matter: Fear
God and keep his commandments, for this is the whole duty of
man.

- **하나님은 모든 행위와 모든 은밀한 일을 선악 간에 심판하시리라**

14 하나님은 모든 행위와 모든 은밀한 일을 선악 간에 심판하시리라
(전12:7~14)

14 For God will bring every deed into judgment, including every
hidden thing, whether it is good or evil. (Ecclesiastes 12:7~14)

4. 하나님의 입으로부터 나오는 모든 말씀으로 살 것이라

but on every word that comes from the mouth of God

● **사람이 떡으로만 사는 것이 아니요 여호와의 입에서 나오는 모든 말씀으로 사는 줄을 네가 알게 하려 하심이니라**

▪ **너를 낮추시며 너를 주리게 하시며 또 너도 알지 못하며 네 조상들도 알지 못하던 만나를 네게 먹이신 것은**

▪ **사람이 떡으로만 사는 것이 아니요 여호와의 입에서 나오는 모든 말씀으로 사는 줄을 네가 알게 하려 하심이니라**

너를 낮추시며 너를 주리게 하시며 또 너도 알지 못하며 네 조상들도 알지 못하던 만나를 네게 먹이신 것은 사람이 떡으로만 사는 것이 아니요 여호와의 입에서 나오는 모든 말씀으로 사는 줄을 네가 알게 하려 하심이니라 (신8:3)

He humbled you, causing you to hunger and then feeding you with manna, which neither you nor your fathers had known, to teach you that man does not live on bread alone but on every word that comes from the mouth of the LORD. (Deuteronomy 8:3)

▪ **사람이 떡으로만 살 것이 아니요 하나님의 입으로부터 나오는 모든 말씀으로 살 것이라**

예수께서 대답하여 이르시되 기록되었으되 사람이 떡으로만 살 것이 아니요 하나님의 입으로 부터 나오는 모든 말씀으로 살 것이라 하였느니라 하시니 (마4:4)

Jesus answered, "It is written: Man does not live on bread alone, but on every word that comes from the mouth of God." (Matthew 4:4)

- **하나님의 말씀은 살아있고 활력이 있어 좌우에 날선 어떤 검보다도 예리하여 혼과 영과 및 관절과 골수를 찔러 쪼개기까지 하며 또 마음의 생각과 뜻을 판단하나니**

12 하나님의 말씀은 살아있고 활력이 있어 좌우에 날선 어떤 검보다도
예리하여 혼과 영과 및 관절과 골수를 찔러 쪼개기까지 하며 또 마
음의 생각과 뜻을 판단하나니

12 For the word of God is living and active. Sharper than any dou-
ble-edged sword, it penetrates even to dividing soul and spirit,
joints and marrow; it judges the thoughts and attitudes of the
heart.

- **지으신 것이 하나도 그 앞에 나타나지 않음이 없고 우리의 결산을 받으실 이의 눈앞에 만물이 벌거벗은 것같이 드러나느니라**

13 지으신 것이 하나도 그 앞에 나타나지 않음이 없고 우리의 결산
을 받으실 이의 눈앞에 만물이 벌거벗은 것같이 드러나느니라 (히
4:12~13)

13 Nothing in all creation is hidden from God's sight. Everything is
uncovered and laid bare before the eyes of him to whom we
must give account. (Hebrews 4:12~13)

Part 4

▪ **태초에 말씀이 계시니라 이 말씀이 하나님과 함께 계셨으니 이 말씀은 곧 하나님이시니라**

1 태초에 말씀이 계시니라 이 말씀이 하나님과 함께 계셨으니 이 말씀
은 곧 하나님이시니라

1 In the beginning was the Word, and the Word was with God, and
the Word was God.

▪ **그가 태초에 하나님과 함께 계셨고**

2 그가 태초에 하나님과 함께 계셨고

2 He was with God in the beginning.

▪ **만물이 그로 말미암아 지은 바 되었으니 지은 것이 하나도 그가 없이는 된 것이 없느니라**

3 만물이 그로 말미암아 지은 바 되었으니 지은 것이 하나도 그가 없이
는 된 것이 없느니라 (요1:1~3)

3 Through him all things were made; without him nothing was made
that has been made. (John 1:1~3)

▪ **말씀이 육신이 되어 우리 가운데 거하시매 우리가 그의 영광을 보니 아버지의 독생자의 영광이요 은혜와 진리가 충만하더라**

말씀이 육신이 되어 우리 가운데 거하시매 우리가 그의 영광을 보니 아버지의 독생자의 영광이요 은혜와 진리가 충만하더라 (요1:14)

The Word became flesh and made his dwelling among us. We have seen his glory, the glory of the One and Only, who came from the Father, full of grace and truth. (John 1:14)

■ **그들을 진리로 거룩하게 하옵소서**

아버지의 말씀은 진리니이다

그들을 진리로 거룩하게 하옵소서 아버지의 말씀은 진리니이다 (요 17:17)

Sanctify them by the truth; your word is truth. (John 17:17)

Part 4

● 영생의 말씀

60 제자 중 여럿이 듣고 말하되 이 말씀은 어렵도다 누가 들을 수 있느냐 한대

60 On hearing it, many of his disciples said, "This is a hard teaching. Who can accept it?"

■ **이 말이 너희에게 걸림이 되느냐**

61 예수께서 스스로 제자들이 이 말씀에 대하여 수군거리는 줄 아시고 이르시되 이 말이 너희에게 걸림이 되느냐

61 Aware that his disciples were grumbling about this, Jesus said to them, Does this offend you?

■ **그러면 너희는 인자가 이전에 있던 곳으로**

올라가는 것을 본다면 어떻게 하겠느냐

62 그러면 너희는 인자가 이전에 있던 곳으로 올라가는 것을 본다면 어떻게 하겠느냐

62 What if you see the Son of Man ascend to where he was before!

■ 살리는 것은 영이니 육은 무익하니라
내가 너희에게 이른 말은 영이요 생명이라

63 살리는 것은 영이니 육은 무익하니라 내가 너희에게 이른 말은 영
이요 생명이라

63 The Spirit gives life; the flesh counts for nothing. The words I
have spoken to you are spirit and they are life.

64 그러나 너희 중에 믿지 아니하는 자들이 있느니라 하시니 이는 예
수께서 믿지 아니하는 자들이 누구며 자기를 팔 자가 누구인지 처
음부터 아심이러라

64 Yet there are some of you who do not believe. For Jesus had
known from the beginning which of them did not believe and
who would betray him.

■ 그러므로 전에 너희에게 말하기를 내 아버지께서
오게 하여 주지 아니하시면 누구든지 내게 올 수 없다
하였노라 하시니라

65 또 이르시되 그러므로 전에 너희에게 말하기를 내 아버지께서 오게
하여 주지 아니하시면 누구든지 내게 올 수 없다 하였노라 하시니라

65 He went on to say, "This is why I told you that no one can come
to me unless the Father has enabled him."

66 그때부터 그의 제자 중에서 많은 사람이 떠나가고 다시 그와 함께
다니지 아니하더라

66 From this time many of his disciples turned back and no longer
followed him.

▪ **예수께서 열두 제자에게 이르시되 너희도 가려느냐**

67 예수께서 열두 제자에게 이르시되 너희도 가려느냐

67 "You do not want to leave too, do you?" Jesus asked the Twelve.

▪ **시몬 베드로가 대답하되**
주여 영생의 말씀이 주께 있사오니
우리가 누구에게로 가오리이까

68 시몬 베드로가 대답하되 주여 영생의 말씀이 주께 있사오니 우리가
누구에게로 가오리이까

68 Simon Peter answered him, Lord, to whom shall we go? You have
the word of eternal life.

▪ **우리가 주는 하나님의 거룩하신 자이신 줄**
믿고 알았사옵나이다

69 우리가 주는 하나님의 거룩하신 자이신 줄 믿고 알았사옵나이다

69 We believe and know that you are the Holy One of God.

▪ **내가 너희 열둘을 택하지 아니하였느냐**
그러나 너희 중의 한 사람은 마귀니라

70 예수께서 대답하시되 내가 너희 열둘을 택하지 아니하였느냐 그러
나 너희 중의 한 사람은 마귀니라 하시니

70 Then Jesus replied, "Have I not chosen you, the Twelve? Yet one
of you is a devil!"

▪ **이 말씀은 가룟 시몬의 아들 유다를 가리키심이라**

▪ **그는 열둘 중의 하나로 예수를 팔 자러라**

71 이 말씀은 가룟 시몬의 아들 유다를 가리키심이라 그는 열둘 중의

하나로 예수를 팔 자러라 (요 6:60~71)

71 (He meant Judas, the son of Simon Iscariot, who, though one of
the Twelve, was later to betray him.) (John 6:60~71)

▪ **너희가 거듭난 것은 썩어질 씨로 된 것이 아니요**
썩지 아니할 씨로 된 것이니
살아있고 항상 있는 하나님의 말씀으로 되었느니라

23 너희가 거듭난 것은 썩어질 씨로 된 것이 아니요 썩지 아니할 씨로
된 것이니 살아있고 항상 있는 하나님의 말씀으로 되었느니라

23 For you have been born again, not of perishable seed, but of im-
perishable, through the living and enduring word of God.

▪ **그러므로 모든 육체는 풀과 같고**
그 모든 영광은 풀의 꽃과 같으니 풀은 마르고 꽃은 떨어지되

24 그러므로 모든 육체는 풀과 같고 그 모든 영광은 꽃과 같으니 풀은
마르고 꽃은 떨어지되

24 For, All men are like grass, and all their glory is like the flowers of
the field; the grass withers and the flowers fall,

▪ **오직 주의 말씀은 세세토록 있도다**
너희에게 전한 복음이 곧 이 말씀이니라

25 오직 주의 말씀은 세세토록 있도다 하였으니 너희에게 전한 복음이
곧 이 말씀이니라 (벧전1:23~25)

25 but the word of the Lord stands forever. And this is the word that
was preached to you. (1Peter 1:23~25)

- **영생은 곧 유일하신 참 하나님과 그가 보내신 자 예수 그리스도를 아는 것이니이다**

영생은 곧 유일하신 참 하나님과 그가 보내신 자 예수 그리스도를 아는 것이니이다 (요17:3)

Now this eternal life: that they may know you, the only true God, and Jesus Christ, whom you have sent. (John 17:3)

- **너희가 서로 영광을 취하고 유일하신 하나님께로부터 오는 영광은 구하지 아니하니 어찌 나를 믿을 수 있느냐**

너희가 서로 영광을 취하고 유일하신 하나님께로부터 오는 영광은 구하지 아니하니 어찌 나를 믿을 수 있느냐 (요5:44)

How can you believe if you accept praise from one another, yet make no effort to obtain the praise that comes from the only God? (John 5:44)

- **그리스도의 말씀이 너희 속에 풍성히 거하여**
- **모든 지혜로 피차 가르치며 권면하고**
- **시와 찬송과 신령한 노래를 부르며**
- **감사하는 마음으로 하나님을 찬양하고**

16 그리스도의 말씀이 너희 속에 풍성히 거하여 모든 지혜로 피차 가르치며 권면하고 시와 찬송과 신령한 노래를 부르며 감사하는 마음으로 하나님을 찬양하고

16 Let the word of Christ dwell in you richly as you teach and admonish one another with all wisdom, and as you sing psalms,

hymns and spiritual songs with gratitude in your hearts to God.

- **또 무엇을 하든지 말에나 일에나**
- **다 주 예수의 이름으로 하고**
- **그를 힘입어 하나님 아버지께 감사하라**

17 또 무엇을 하든지 말에나 일에나 다 주 예수의 이름으로 하고 그를
힘입어 하나님 아버지께 감사하라 (골3:16~17)

17 And whatever you do, whether in word or deed, do it all in the name
of the Lord Jesus, giving thanks to God the Father through him. (Co-
lossians 3:16~17)

5. 회개하라 천국이 가까이 왔느니라

Repent, for the kingdom of heaven is near

● 회개하라 천국이 가까이 왔느니라

- **이때부터 예수께서 비로소 전파하여 이르시되**
- **회개하라 천국이 가까이 왔느니라**

이때부터 예수께서 비로서 전파하여 이르시되 회개하라 천국이 가까이 왔느니라 하시더라 (마4:17)

From that time on Jesus began to preach, "Repent, for the kingdom of heaven is near." (Matthew 4:17)

- **세례 요한이 광야에 이르러**
- **죄 사함을 받게 하는 회개의 세례를 전파하니**

4 세례 요한이 광야에 이르러 죄 사함을 받게 하는 회개의 세례를 전파하니

4 And so John came, baptizing in the desert region and preaching a baptism of repentance for the forgiveness of sins.

- **온 유대 지방과 예루살렘 사람이 다 나아가**
- **자기 죄를 자복하고 요단 강에서 그에게 세례를 받더라**

5 온 유대 지방과 예루살렘 사람이 다 나아가 자기 죄를 자복하고 요단 강에서 그에게 세례를 받더라 (막1:4~5)

5 The whole Judean countryside and all the people of Jerusalem

went out to him. Confessing their sins, they were baptized by him in the Jordan River. (Mark 1:4~5)

■ **주의 약속은 어떤 이들이 더디다고 생각하는 것같이**
더딘 것이 아니라 오직 주께서는 너희를 대하여 오래 참으사
아무도 멸망하지 아니하고 다 회개하기에 이르기를 원하시느니라

9 주의 약속은 어떤 이들이 더디다고 생각하는 것같이 더딘 것이 아니라 오직 주께서는 너희를 대하여 오래 참으사 아무도 멸망하지 아니하고 다 회개하기에 이르기를 원하시느니라*1)

9 The Lord is not slow in keeping his promise, as some understand slowness. He is patient with you, not wanting anyone to perish, but everyone to come to repentance.

*1) ■ **너는 피투성이라도 살아 있으라**

내가 네 곁으로 지나갈 때에 네가 피투성이가 되어 발짓하는 것을 보고 네게 이르기를 너는 피투성이라도 살아 있으라 다시 이르기를 너는 피투성이라도 살아 있으라 하고 (겔16:6)

Then I passed by and saw you kicking about in your blood, and as you lay there in your blood I said to you, "Live!" (Ezekiel 16:6)

■ **그러나 주의 날이 도둑같이 오리니**
그날에는 하늘이 큰 소리로 떠나가고
물질이 뜨거운 불에 풀어지고
땅과 그 중에 있는 모든 일이 드러나리로다

10 그러나 주의 날이 도둑같이 오리니 그날에는 하늘이 큰 소리로 떠나가고 물질이 뜨거운 불에 풀어지고 땅과 그 중에 있는 모든 일이

드러나리로다 (벧후3:9~10)

10 But the day of the LORD will come like a thief. The heavens will disappear with a roar; the elements will be destroyed by fire, and the earth and everything in it will be laid bare. (2Peter 3:9~10)

- **회개하고 하나님께로 돌아와서 회개에 합당한 일을 하라**

먼저 다메섹과 예루살렘에 있는 사람과 유대 온 땅과 이방인에게까지 회개하고 하나님께로 돌아와서 회개에 합당한 일을 하라 전하므로 (행26:20)

First to those in Damascus, then to those in Jerusalem and in all Judea, and to the Gentiles also, I preached that they should repent and turn to God and prove their repentance by their deeds. (Acts 26:20)

- **그러므로 어디서 떨어졌는지를 생각하고 회개하여 처음 행위를 가지라**
- **그리하지 아니하고 회개하지 아니하면 내가 네게 가서 네 촛대를 그 자리에서 옮기리라**

그러므로 어디서 떨어졌는지를 생각하고 회개하여 처음 행위를 가지라 그리하지 아니하고 회개하지 아니하면 내가 네게 가서 네 촛대를 그자리에서 옮기리라 (계2:5)

Remember the height from which you have fallen! Repent and do the things you did at first. If you do not repent, I will come to you and remove your lampstand from its place. (Revelation 2:5)

● **회개하지 아니하면 망하리라.**

1 그때 마침 두어 사람이 와서 빌라도가 어떤 갈릴리 사람들의 피를 제물에 섞은 일로 예수께 아뢰니

1 Now there were some present at that time who told Jesus about the Galileans whose blood Pilate had mixed with their sacrifices.

- **너희는 이 갈릴리 사람들이 이같이 해 받으므로**
- **다른 모든 갈릴리 사람보다 죄가 더 있는 줄 아느냐**

2 대답하여 이르시되 너희는 이 갈릴리 사람들이 이같이 해 받으므로 다른 모든 갈릴리 사람보다 죄가 더 있는 줄 아느냐

2 Jesus answered, Do you think that these Galileans were worse sinners than all the other Galileans because they suffered this way?

- **너희에게 이르노니 아니라 너희도 만일 회개하지 아니하면 다 이와 같이 망하리라**

3 너희에게 이르노니 아니라 너희도 만일 회개하지 아니하면 다 이와 같이 망하리라

3 I tell you, no! But unless you repent, you too will all perish.

- **또 실로암에서 망대가 무너져 치어 죽은 열여덟 사람이**
- **예루살렘에 거한 다른 모든 사람보다 죄가 더 있는 줄 아느냐**

4 또 실로암에서 망대가 무너져 치어 죽은 열여덟 사람이 예루살렘에 거한 다른 모든 사람보다 죄가 더 있는 줄 아느냐

4 Or those eighteen who died when the tower in Siloam fell on them-do you think they were more guilty than all the others living

in Jerusalem?

- **너희에게 이르노니 아니라 너희도 만일 회개하지 아니하면 다 이와 같이 망하리라**

5 너희에게 이르노니 아니라 너희도 만일 회개하지 아니하면 다 이와 같이 망하리라 (눅13:1~5)

5 I tell you, no! But unless you repent, you too will all perish. (Luke 13:1~5)

Part 4

● 니느웨 백성의 회개

● Jonah Goes to Nineveh

1 여호와의 말씀이 두 번째로 요나에게 임하니라 이르시되

1 Then the word of the Lord came to Jonah a second time:

2 일어나 저 큰 성읍 니느웨로 가서 내가 네게 명한 바를 그들에게 선포하라 하신지라

2 "Go to the great city of Nineveh and proclaim to it the message I give you."

3 요나가 여호와의 말씀대로 일어나서 니느웨로 가니라 니느웨는 사흘 동안 걸을 만큼 하나님 앞에 큰 성읍이더라

3 Jonah obeyed the word of the Lord and went to Nineveh. Now Nineveh was a very important city-a visit required three days.

4 요나가 그 성읍에 들어가서 하루 동안 다니며 외쳐 이르되 사십 일이 지나면 니느웨가 무너지리라 하였더니

4 On the first day, Jonah started into the city. He proclaimed: "Forty

more days and Nineveh will be overturned."

5 니느웨 사람들이 하나님을 믿고 금식을 선포하고 높고 낮은 자를 막론하고 굵은 베옷을 입은지라

5 The Ninevites believed God. They declared a fast, and all of them, from the greatest to the least, put on sackcloth.

6 그 일이 니느웨 왕에게 들리매 왕이 보좌에서 일어나 왕복을 벗고 굵은 베옷을 입고 재 위에 앉으니라

6 When the news reached the King of Nineveh, he rose from his throne, took off his royal robes, covered himself with sackcloth and sat down in the dust.

7 왕과 그의 대신들이 조서를 내려 니느웨에 선포하여 사람이나 짐승이나 소 떼나 양 떼나 아무것도 입에 대지 말지니 곧 먹지도 말 것이요 물도 마시지 말 것이며

7 Then he issued a proclamation in Nineveh: By the decree of the king and his nobles: Do not let any man or beast, herd or flock, taste anything; do not let them eat or drink.

8 사람이든지 짐승이든지 다 굵은 베옷을 입을 것이요 힘써 하나님께 부르짖을 것이며 각기 악한 길과 손으로 행한 강포에서 떠날 것이라

8 But let man and beast be covered with sackcloth. Let everyone call urgently on God. Let them give up their evil ways and their violence.

9 하나님이 뜻을 돌이키시고 그 진노를 그치사 우리가 멸망하지 않게 하시리라 그렇지 않을 줄을 누가 알겠느냐 한지라

9 Who knows? God may yet relent and with compassion turn form
his fierce anger so that we will not perish.
10 하나님이 그들이 행한 것 곧 그 악한 길에서 돌이켜 떠난 것을 보시
고 하나님이 뜻을 돌이키사 그들에게 내리리라고 말씀하신 재앙을
내리지 아니하시니라 (욘3:1~10)
10 When God saw what they did and how they turned from their
evil ways, he had compassion and did not bring upon them the
destruction he had threatened. (Jonah 3:1~10)

Part 4

제5장

믿음의 결국 곧 영혼의 구원을 받음이라

for you are receiving the goal of your faith, the salvation of your souls

1. 믿음의 결국 곧 영혼의 구원을 받음이라

for you are receiving the goal of your faith, the salvation of your souls

● 믿음의 결국 곧 영혼의 구원을 받음이라

- **너희는 그 은혜에 의하여 믿음으로 말미암아 구원을 받았으니**
- **이것은 너희에게서 난 것이 아니요 하나님의 선물이라**

너희는 그 은혜에 의하여 믿음으로 말미암아 구원을 받았으니 이것은 너희에게서 난 것이 아니요 하나님의 선물이라 (엡2;8)

For it is by grace you have been saved, through faith-and this not from yourselves, it is the gift of God- (Ephesians 2:8)

- **그러므로 믿음은 들음에서 나며**
들음은 그리스도의 말씀으로 말미암았느니라

그러므로 믿음은 들음에서 나며 들음은 그리스도의 말씀으로 말미암았느니라 (롬10:17)

Consequently, faith comes from hearing the message, and the

message is heard through the word of Christ. (Romans 10:17)

- **믿고 세례를 받는 사람은 구원을 얻을 것이요**
- **믿지 않는 사람은 정죄를 받으리라**

16 믿고 세례를 받는 사람은 구원을 얻을 것이요 믿지 않는 사람은 정
죄를 받으리라

16 Whoever believes and is baptized will be saved, but whoever
does not believe will be condemned.

- **믿는 자들에게는 이런 표적이 따르리니**
곧 그들이 내 이름으로 귀신을 쫓아내며 새 방언을 말하며

17 믿는 자들에게는 이런 표적이 따르리니 곧 그들이 내 이름으로 귀
신을 쫓아내며 새 방언을 말하며

17 And these signs will accompany those who believe: In my name
they will drive out demons; they will speak in new tongues;

- **뱀을 집어올리며 무슨 독을 마실지라도 해를 받지 아니하며**
- **병든 사람에게 손을 얹은즉 나으리라**

18 뱀을 집어올리며 무슨 독을 마실지라도 해를 받지 아니하며 병든
사람에게 손을 얹은즉 나으리라 하시더라 (막16:16~18)

18 they will pick up snakes with their hands; and when they drink
deadly poison, it will not hurt them at all; they will place their
hands on sick people, and they will get well. (Mark 16:16~18)

▪ **믿음의 기도는 병든 자를 구원하리니**

주께서 그를 일으키시리라

혹시 죄를 범하였을지라도 사하심을 받으리라

믿음의 기도는 병든 자를 구원하리니 주께서 그를 일으키시리라 혹시 죄를 범하였을지라도 사하심을 받으리라 (약5:15)

And the prayer offered in faith will make the sick person well; the Lord will raise him up. If he has sinned, he will be forgiven. (James 5:15)

▪ **믿음의 결국 곧 영혼의 구원을 받음이라**

믿음의 결국 곧 영혼의 구원을 받음이라[*1)] (벧전1:9)

for you are receiving the goal of your faith, the salvation of your souls. (1Peter1:9)

*1) 그러나 이제는 너희가 죄로부터 해방되고 하나님께 종이 되어 거룩함에 이르는 열매를 맺었으니 그 마지막은 영생이라 (롬6:22)

But now that you have been set free from sin and have become slaves to God, the benefit you reap leads to holiness, and the result. is eternal life. (Romans 6:22)

▪ **믿음은 바라는 것들의 실상이요**

보이지 않는 것들의 증거니

1 믿음은 바라는 것들의 실상이요 보이지 않는 것들의 증거니

1 Now faith is being sure of what we hope for and certain of what we do not see.

■ **선진들이 이로써 증거를 얻었느니라**

2 선진들이 이로써 증거를 얻었느니라

2 This is what the ancients were commended for.

■ **믿음으로 모든 세계가 하나님의 말씀으로 지어진 줄을 우리가 아나니 보이는 것은 나타난 것으로 말미암아 된 것이 아니니라**

3 믿음으로 모든 세계가 하나님의 말씀으로 지어진 줄을 우리가 아나니 보이는 것은 나타난 것으로 말미암아 된 것이 아니니라

3 By faith we understand that the universe was formed at God's command, so that what is seen was not made out of what was visible.

Part 5

■ **믿음으로 아벨은 가인보다 더 나은 제사를 하나님께 드림으로 의로운 자라 하시는 증거를 얻었으니 하나님이 그 예물에 대하여 증언하심이라 그가 죽었으나 그 믿음으로써 지금도 말하느니라**

4 믿음으로 아벨은 가인보다 더 나은 제사를 하나님께 드림으로 의로운 자라 하시는 증거를 얻었으니 하나님이 그 예물에 대하여 증언하심이라 그가 죽었으나 그 믿음으로써 지금도 말하느니라

4 By faith Abel offered God a better sacrifice than Cain did. By faith he was commended as a righteous man, when God spoke well of his offerings. And by faith he still speaks, even though he is dead.

■ **믿음으로 에녹은 죽음을 보지 않고 옮겨졌으니 하나님이 그를 옮기심으로 다시 보이지 아니하였느니라 그는 옮겨지기 전에 하나님을 기쁘시게 하는 자라 하는 증거를 받았느니라**

5 믿음으로 에녹은 죽음을 보지 않고 옮겨졌으니 하나님이 그를 옮기
심으로 다시 보이지 아니하였느니라 그는 옮겨지기 전에 하나님을
기쁘시게 하는 자라 하는 증거를 받았느니라
5 By faith Enoch was taken from this life, so that he did not experi-
ence death; he could not be found, because God had taken him
away. For before he was taken, he was commended as one who
pleased God.

- **믿음이 없이는 하나님을 기쁘시게 하지 못하나니 하나님께 나아가는 자는 반드시 그가 계신 것과 또한 그가 자기를 찾는 자들에게 상 주시는 이심을 믿어야 할지니라**

6 믿음이 없이는 하나님을 기쁘시게 하지 못하나니 하나님께 나아가는
자는 반드시 그가 계신 것과 또한 그가 자기를 찾는 자들에게 상 주
시는 이심을 믿어야 할지니라
6 And without faith it is impossible to please God, because anyone
who comes to him must believe that he exists and that he rewards
those who earnestly seek him.

- **믿음으로 노아는 아직 보이지 않는 일에 경고하심을 받아 경외함으로 방주를 준비하여 그 집을 구원하였으니 이로 말미암아 세상을 정죄하고 믿음을 따르는 의의 상속자가 되었느니라**

7 믿음으로 노아는 아직 보이지 않는 일에 경고하심을 받아 경외함으
로 방주를 준비하여 그 집을 구원하였으니 이로 말미암아 세상을 정

죄하고 믿음을 따르는 의의 상속자가 되었느니라

7 By faith Noah, when warned about things not yet seen, in holy fear built an ark to save his family. By his faith he condemned the world and became heir of the righteousness that comes by faith.

- **믿음으로 아브라함은 부르심을 받았을 때에 순종하여 장래의 유업으로 받을 땅에 나아갈새 갈 바를 알지 못하고 나아갔으며**

8 믿음으로 아브라함은 부르심을 받았을 때에 순종하여 장래의 유업으로 받을 땅에 나아갈새 갈 바를 알지 못하고 나아갔으며

8 By faith Abraham, when called to go to a place he would later receive as his inheritance, obeyed and went, even though he did not know where he was going.

- **믿음으로 그가 이방의 땅에 있는 것같이 약속의 땅에 거류하여 동일한 약속을 유업으로 함께 받은 이삭 및 야곱과 더불어 장막에 거하였으니**

9 믿음으로 그가 이방의 땅에 있는 것같이 약속의 땅에 거류하여 동일한 약속을 유업으로 함께 받은 이삭 및 야곱과 더불어 장막에 거하였으니

9 By faith he made his home in the promised land lake a stranger in a foreign country; he lived in tents, as did Isaac and Jacob, who were heirs with him of the same promise.

▪ **이는 그가 하나님이 계획하시고 지으실 터가 있는 성을 바랐음이라**

10 이는 그가 하나님이 계획하시고 지으실 터가 있는 성을 바랐음이라

10 For he was looking forward to the city with foundations, whose architect and builder is God.

▪ **믿음으로 사라 자신도 나이가 많아 단산하였으나 잉태할 수 있는 힘을 얻었으니 이는 약속하신 이를 미쁘신 줄 알았음이라**

11 믿음으로 사라 자신도 나이가 많아 단산하였으나 잉태할 수 있는 힘을 얻었으니 이는 약속하신 이를 미쁘신 줄 알았음이라

11 By faith Abraham, even though he was past age-and Sarah herself was barren-was enabled to become a father because he considered him faithful who had made the promise.

▪ **이러므로 죽은 자와 같은 한 사람으로 말미암아 하늘의 허다한 별과 또 해변의 무수한 모래와 같이 많은 후손이 생육하였느니라**

12 이러므로 죽은 자와 같은 한 사람으로 말미암아 하늘의 허다한 별과 또 해변의 무수한 모래와 같이 많은 후손이 생육하였느니라

12 And so from this one man, and he as good as dead, came descendants as numerous as the stars in the sky and as countless as the sand on the seashore.

▪ **이 사람들은 다 믿음을 따라 죽었으며 약속을 받지 못하였으되 그것들을 멀리서 보고 환영하며 또 땅에서는 외국인과 나그네 임을 증언하였으니**

13 이 사람들은 다 믿음을 따라 죽었으며 약속을 받지 못하였으되 그
것들을 멀리서 보고 환영하며 또 땅에서는 외국인과 나그네 임을 증
언하였으니

13 All these people were still living by faith when they died. They
did not receive the things promised; they only saw them and wel-
comed them from a distance. And they admitted that they were
aliens and strangers on earth.

▪ **그들이 이같이 말하는 것은 자기들이 본향 찾는 자임을 나타냄이라**

14 그들이 이같이 말하는 것은 자기들이 본향 찾는 자임을 나타냄이라

14 People who say such things show that they are looking for a
country of their own.

▪ **그들이 나온 바 본향을 생각하였더라면 돌아갈 기회가 있었으려니와**

15 그들이 나온 바 본향을 생각하였더라면 돌아갈 기회가 있었으려
니와

15 If they had been thinking of the country they had left, they would
have had opportunity to return.

▪ 그들이 이제는 더 나은 본향을 사모하니 곧 하늘에 있는 것이라
이러므로 하나님이 그들의 하나님이라 일컬음 받으심을
부끄러워하지 아니하시고 그들을 위하여 한 성을 예비하셨느니라

16 그들이 이제는 더 나은 본향을 사모하니 곧 하늘에 있는 것이라 이
러므로 하나님이 그들의 하나님이라 일컬음 받으심을 부끄러워하
지 아니하시고 그들을 위하여 한 성을 예비하셨느니라

16 Instead, they were longing for a better country-a heavenly one. Therefore God is not ashamed to be called their God, for he has prepared a city for them.

▪ 아브라함은 시험을 받을 때에 믿음으로 이삭을 드렸으니
그는 약속들을 받은 자로되 그 외아들을 드렸느니라

17 아브라함은 시험을 받을 때에 믿음으로 이삭을 드렸으니 그는 약속
들을 받은 자로되 그 외아들을 드렸느니라

17 By faith Abraham, when God tested him, offered Isaac as a sacrifice. He who had received the promises was about to sacrifice his one and only son,

▪ 그에게 이미 말씀하시기를 네 자손이라 칭할 자는
이삭으로 말미암으리라

18 그에게 이미 말씀하시기를 네 자손이라 칭할 자는 이삭으로 말미암
으리라

18 even though God had said to him, “It is through Isaac that your offspring will be reckoned.”

■ **그가 하나님이 능히 이삭을 죽은 자 가운데서 다시 살리실 줄로 생각한지라 비유컨대 그를 죽은 자 가운데서 도로 받은 것이니라**

19 그가 하나님이 능히 이삭을 죽은 자 가운데서 다시 살리실 줄로 생
각한지라 비유컨대 그를 죽은 자 가운데서 도로 받은 것이라

19 Abraham reasoned that God could raise the dead, and figuratively
speaking, he did receive Issac back from death.

■ **믿음으로 이삭은 장차 있을 일에 대하여 야곱과 에서에게 축복하였으며**

20 믿음으로 이삭은 장차 있을 일에 대하여 야곱과 에서에게 축복하였
으며

20 By faith Isaac blessed Jacob and Esau in regard to their future.

■ **믿음으로 야곱은 죽을 때에 요셉의 각 아들에게 축복하고 그 지팡이 머리에 의지하여 경배하였으며**

21 믿음으로 야곱은 죽을 때에 요셉의 각 아들에게 축복하고 그 지팡
이 머리에 의지하여 경배하였으며

21 By faith Jacob, when he was dying, blessed each of Joseph's sons,
and worshiped as he leaned on the top of his staff.

■ **믿음으로 요셉은 임종시에 이스라엘 자손들이 떠날 것을 말하고 또 자기뼈를 위하여 명하였으며**

22 믿음으로 요셉은 임종시에 이스라엘 자손들이 떠날 것을 말하고 또

자기 뼈를 위하여 명하였으며

22 By faith Joseph, when his end was near, spoke about the exodus of the Israelites from Egypt and gave instructions about his bones.

- **믿음으로 모세가 났을 때에 그 부모가 아름다운 아이임을 보고 석 달 동안 숨겨 왕의 명령을 무서워하지 아니하였으며**

23 믿음으로 모세가 났을 때에 그 부모가 아름다운 아이임을 보고 석 달 동안 숨겨 왕의 명령을 무서워하지 아니하였으며

23 By faith Moses' parents hid him for three months after he was born, because they saw he was no ordinary child, and they were not afraid of the king's edict.

- **믿음으로 모세는 장성하여 바로의 공주의 아들이라 칭함 받기를 거절하고**

24 믿음으로 모세는 장성하여 바로의 공주의 아들이라 칭함 받기를 거절하고

24 By faith Moses, when he had grown up, refused to be known as the son of Pharaoh's daughter.

- **도리어 하나님의 백성과 함께 고난 받기를 잠시 죄악의 낙을 누리는 것보다 더 좋아하고**

25 도리어 하나님의 백성과 함께 고난 받기를 잠시 죄악의 낙을 누리는 것보다 더 좋아하고

25 He chose to be mistreated along with the people of God rather
than to enjoy the pleasure of sin for a short time.

- **그리스도를 위하여 받는 수모를**
애굽의 모든 보화보다
더 큰 재물로 여겼으니 이는 상 주심을 바라봄이라

26 그리스도를 위하여 받는 수모를 애굽의 모든 보화보다 더 큰 재물
로 여겼으니 이는 상 주심을 바라봄이라

26 He regarded disgrace for the sake of Christ as of greater value
than the treasures of Egypt, because he was looking ahead to his
reward.

Part 5

- **믿음으로 애굽을 떠나 왕의 노함을 무서워하지 아니하고**
곧 보이지 아니하는 자를 보는 것같이 하여 참았으며

27 믿음으로 애굽을 떠나 왕의 노함을 무서워하지 아니하고 곧 보이지
아니하는 자를 보는 것같이 하여 참았으며

27 By faith he left Egypt, not fearing the king's anger; he persevered
because he saw him who is invisible.

- **믿음으로 유월절과 피 뿌리는 예식을 정하였으니**
이는 장자를 멸하는 자로 그들을 건드리지 않게 하려 한 것이며

28 믿음으로 유월절과 피뿌리는 예식을 정하였으니 이는 장자를 멸하
는 자로 그들을 건드리지 않게 하려 한 것이며

28 By faith he kept the Passover and the sprinkling of blood, so that the destroyer of the firstborn would not touch the firstborn of Israel.

▪ **믿음으로 그들은 홍해를 육지같이 건넜으나**
애굽 사람들은 이것을 시험하다가 빠져 죽었으며

29 믿음으로 그들은 홍해를 육지같이 건넜으나 애굽 사람들은 이것을 시험하다가 빠져 죽었으며

29 By faith the people passed through the Red Sea as on dry land; buf when the Egyptians tried to do so, they were downed.

▪ **믿음으로 칠 일 동안 여리고를 도니 성이 무너졌으며**

30 믿음으로 칠 일 동안 여리고를 도니 성이 무너졌으며

30 By faith the walls of Jericho fell, after the people had marched around them for seven days.

▪ **믿음으로 기생 라합은 정탐꾼을 평안히 영접하였으므로**
순종하지 아니한 자와 함께 멸망하지 아니하였도다

31 믿음으로 기생 라합은 정탐꾼을 평안히 영접하였으므로 순종하지 아니한 자와 함께 멸망하지 아니하였도다

31 By faith the prostitute Rahab, because she welcomed the spies, was not killed with those who were disobedient.

▪ **내가 무슨 말을 더하리요 기드온, 바락, 삼손, 입다, 다윗 및 사무엘과 선지자들의 일을 말하려면 내게 시간이 부족하리로다**

32 내가 무슨 말을 더하리요 기드온, 바락, 삼손, 입다, 다윗 및 사무엘
과 선지자들의 일을 말하려면 내게 시간이 부족하리로다
And what more shall I say? I do not have time to tell about Gide-
on, Barak, Samson, Jephthah, David, Samuel and the prophets,

▪ **그들은 믿음으로 나라들을 이기기도 하며 의를 행하기도 하며 약속을 받기도 하며 사자들의 입을 막기도 하며**

33 그들은 믿음으로 나라들을 이기기도 하며 의를 행하기도 하며 약속
을 받기도 하며 사자들의 입을 막기도 하며
33 who trough faith conquered kingdoms, administered justice, and
gained what was promised; who shut the mouths of lions.

▪ **불의 세력을 멸하기도 하며 칼날을 피하기도 하며 연약한 가운데서 강하게 되기도 하며 전쟁에 용감하게 되어 이방 사람들의 진을 물리치기도 하며**

34 불의 세력을 멸하기도 하며 칼날을 피하기도 하며 연약한 가운데서
강하게 되기도 하며 전쟁에 용감하게 되어 이방 사람들의 진을 물
리치기도 하며
34 quenched the fury of the flames, and escaped the edge of the
sword; whose weakness was turned to strength; and who became
powerful in battle and routed foreign armies.

▪ **여자들은 자기들의 죽은 자들을 부활로 받아들이기도 하며**
또 어떤 이들은 더 좋은 부활을 얻고자 하여 심한 고문을 받되
구차히 풀려나기를 원하지 아니하였으며

35 여자들은 자기들의 죽은 자들을 부활로 받아들이기도 하며 또 어떤
이들은 더 좋은 부활을 얻고자 하여 심한 고문을 받되 구차히 풀려
나기를 원하지 아니하였으며

35 Women received back their dead, raised to life again. Others
were tortured and refused to be released, so that they might gain
a better resurrection.

▪ **또 어떤 이들은 조롱과 채찍질뿐 아니라**
결박과 옥에 갇히는 시련도 받았으며

36 또 어떤 이들은 조롱과 채찍질뿐 아니라 결박과 옥에 갇히는 시련
도 받았으며

36 Some faced jeers and flogging, while still Others were chained
and put in prison.

▪ **돌로 치는 것과 톱으로 켜는 것과 시험과 칼로 죽임을 당하고**
양과 염소의 가죽을 입고 유리하여 궁핍과 환난과 학대를 받았으니

37 돌로 치는 것과 톱으로 켜는 것과 시험과 칼로 죽임을 당하고 양과
염소의 가죽을 입고 유리하여 궁핍과 환난과 학대를 받았으니

37 They were stoned; they were sawed in two; they were put to
death by the sword They went about in sheepskins and goat-

skins, destitute persecuted and mistreated-

- (이런 사람은 세상이 감당하지 못하느니라)
- 그들이 광야와 산과 동굴과 토굴에 유리하였느니라

38 (이런 사람은 세상이 감당하지 못하였느니라) 그들이 광야와 산과
동굴과 토굴에 유리하였느니라

38 the world was not worthy of them. They wandered in deserts and
mountains, and in caves and holes in the ground.

- 이 사람들은 다 믿음으로 말미암아 증거를 받았으나
  약속된 것을 받지 못하였으니

39 이 사람들은 다 믿음으로 말미암아 증거를 받았으나 약속된 것을
받지 못하였으니

39 These were all commended for their faith, yet none of them re-
ceived what had been promised.

- 이는 하나님이 우리를 위하여 더 좋은 것을 예비하셨은즉
  우리가 아니면 그들로 온전함을 이루지 못하게 하려 하심이라

40 이는 하나님이 우리를 위하여 더 좋은 것을 예비하셨은즉 우리가
아니면 그들로 온전함을 이루지 못하게 하려 하심이라 (히11:1~40)

40 God had planned something better for us so that only together
with us would they be made perfect. (Hebrews 11:1~40)

2. 너희는 은혜로 구원을 받은 것이라

it is by grace you have been saved

● 그는 허물과 죄로 죽었던 너희를 살리셨도다

1 그는 허물과 죄로 죽었던 너희를 살리셨도다

1 As for you, you were dead in your transgressions and sins,

- **그때에 너희는 그 가운데서 행하여**
  이 세상 풍조를 따르고 공중의 권세 잡은 자를 따랐으니
  곧 지금 불순종의 아들들 가운데서 역사하는 영이라

2 그때에 너희는 그 가운데 행하여 이 세상 풍조를 따르고 공중의 권세 잡은 자를 따랐으니 곧 지금 불순종의 아들들 가운데서 역사하는 영이라

2 in which you used to live when you followed the ways of this world and of the ruler of the kingdom of the air, the spirit who is now at work in those who are disobedient.

- **전에는 우리도 다 그 가운데서 우리 육체의**
  욕심을 따라 지내며 육체의 마음의 원하는 것을 하여
  다른 이들과 같이 본질상 진노의 자녀이었더니

3 전에는 우리도 다 그 가운데서 우리 육체의 욕심을 따라 지내며 육체의 마음의 원하는 것을 하여 다른 이들과 같이 본질상 진노의 자녀이었더니

3 All of us also lived among them at one time, gratifying the cravings

of our sinful nature and following its desires and thoughts. Like the rest, we were by nature objects of wrath.

▪ **긍휼이 풍성하신 하나님이 우리를 사랑하신 그 큰 사랑을 인하여**

4 긍휼이 풍성하신 하나님이 우리를 사랑하신 그 큰 사랑을 인하여

4 But because of his great love for us, God, who is rich in mercy,

▪ **허물로 죽은 우리를 그리스도와 함께 살리셨고**
(너희는 은혜로 구원을 받은 것이라)

5 허물로 죽은 우리를 그리스도와 함께 살리셨고 (너희는 은혜로 구원을 받은 것이라)

5 made us alive with Christ even when we were dead in transgressions-it is by grace you have been saved.

▪ **또 함께 일으키사 그리스도 예수 안에서 함께 하늘에 앉히시니**

6 또 함께 일으키사 그리스도 예수 안에서 함께 하늘에 앉히시니

6 And God raised us up with Christ and seated us with him in the heavenly realms in Christ Jesus,

▪ **이는 그리스도 예수 안에서 우리에게 자비하심으로써**
그 은혜의 지극히 풍성함을 오는 여러 세대에 나타내려 하심이라

7 이는 그리스도 예수 안에서 우리에게 자비하심으로써 그 은혜의 지극히 풍성함을 오는 여러 세대에 나타내려 하심이라

7 in order that in the coming ages he might show the incomparable riches of his grace, expressed in his kindness to us in Christ Jesus.

▪ **너희는 그 은혜에 의하여 믿음으로 말미암아 구원을 받았으니**
이것은 너희에게서 난 것이 아니요 하나님의 선물이라

8 너희는 그 은혜에 의하여 믿음으로 말미암아 구원을 받았으니 이것
은 너희에게서 난 것이 아니요 하나님의 선물이라
8 For it is by grace you have been saved, through faith-and this not
from yourselves, it is the gift of God-

행위에서 난 것이 아니니

이는 누구든지 자랑하지 못하게 함이라

9 행위에서 난 것이 아니니 이는 누구든지 자랑하지 못하게 함이라
9 not by works, so that no one can boast.

- **우리는 그가 만드신 바라 그리스도 예수 안에서 선한 일을 위하여 지으심을 받은 자니 이 일은 하나님이 전에 예비하사 우리로 그 가운데서 행하게 하려 하심이니라**

10 우리는 그가 만드신 바라 그리스도 예수 안에서 선한 일을 위하여
지으심을 받은 자니 이 일은 하나님이 전에 예비하사 우리로 그 가
운데서 행하게 하려 하심이니라 (엡2:1~10)
10 For we are God's workmanship, created in Christ Jesus to do good
works, which God prepared in advance for us to do. (Ephesians
2:1~10)

● 십자가로 화목하게 하시다

- **그러므로 생각하라 너희는 그때에 육체로는 이방인이요**

11 그러므로 생각하라 너희는 그때에 육체로는 이방인이요 손으로 육
체에 행한 할례를 받은 무리라 칭하는 자들로부터 할례를 받지 않
은 무리라 칭함을 받는 자들이라

11 Therefore, remember that formerly you who are Gentiles by birth
and called "uncircumcised" by those who call themselves "the
circumcision" (that done in the body by the hands of men)-

- **그때에 너희는 그리스도 밖에 있었고 이스라엘 나라 밖의 사람이라**
- **약속의 언약들에 대하여는 외인이요 세상에서 소망이 없고 하나님도 없는 자이더니**

12 그때에 너희는 그리스도 밖에 있었고 이스라엘 나라 밖의 사람이라
약속의 언약들에 대하여는 외인이요 세상에서 소망이 없고 하나님
도 없는 자이더니
remember that at that time you were separate from Christ, ex-
cluded from citizenship in Israel and foreigners to the covenants
of the promise, without hope and without God in the world.

- **이제는 전에 멀리 있던 너희가 그리스도 예수 안에서 그리스도의 피로 가까워졌느니라**

13 이제는 전에 멀리 있던 너희가 그리스도 예수 안에서 그리스도의
피로 가까워졌느니라

13 But now in Christ Jesus you who once were far away have been
brought near through the blood of Christ.

- **그는 우리의 화평이신지라 둘로 하나를 만드사 원수 된 것 곧 중간에 막힌 담을 자기 육체로 허시고**

14 그는 우리의 화평이신지라 둘로 하나를 만드사 원수 된 것 곧 중간
에 막힌 담을 자기 육체로 허시고

14 For he himself is our peace, who has made the two one and has

Part 5

destroyed the barrier, the dividing wall of hostility,

- **법조문으로 된 계명의 율법을 폐하셨으니 이는 이 둘로 자기 안에서 한 새 사람을 지어 화평하게 하시고**

15 법조문으로 된 계명의 율법을 폐하셨으니 이는 이 둘로 자기 안에
서 한 새 사람을 지어 화평하게 하시고

15 by abolishing in his flesh the law with its commandments and reg-
ulations. His purpose was to create in himself one new man out
of the two, thus making peace,

- **또 십자가로 이 둘을 한 몸으로 하나님과 화목하게 하려 하심이라 원수 된 것을 십자가로 소멸하시고**

16 또 십자가로 이 둘을 한 몸으로 하나님과 화평하게 하려 하심이라
원수 된 것을 십자가로 소멸하시고

16 and in this one body to reconcile both of them to God through the
cross, by which he put to death their hostility.

- **또 오셔서 먼 데 있는 너희에게 평안을 전하시고 가까운 데 있는 자들에게 평안을 전하셨으니**

17 또 오셔서 먼 데 있는 너희에게 평안을 전하시고 가까운 데 있는 자
들에게 평안을 전하셨으니

17 He came and preached peace to you who were far away and
peace to those who were near.

- **이는 그로 말미암아 우리 둘이 한 성령 안에서 아버지께 나아감을 얻게 하려 하심이라**

18 이는 그로 말미암아 우리 둘이 한 성령 안에서 아버지께 나아감을

얻게 하려 하심이라

18 For through him we both have access to the Father by one Spirit.

- **그러므로 이제부터 너희는 외인도 아니요 나그네도 아니요 오직 성도들과 동일한 시민이요 하나님의 권속이라**

19 그러므로 이제부터 너희는 외인도 아니요 나그네도 아니요 오직 성
도들과 동일한 시민이요 하나님의 권속이라

19 Consequently, you are no longer foreigners and aliens, but fellow
citizens with God's people and members of God's household,

- **너희는 사도들과 선지자들의 터 위에 세우심을 입은 자라 그리스도 예수께서 친히 모퉁잇돌이 되셨느니라**

20 너희는 사도들과 선지자들의 터 위에 세우심을 입은 자라 그리스도
예수께서 친히 모퉁잇돌이 되셨느니라

20 built on the foundation of the apostles and prophets, with Christ
Jesus himself as the chief cornerstone.

- **그의 안에서 건물마다 서로 연결하여 주 안에서 성전이 되어가고**

21 그의 안에서 건물마다 서로 연결하여 주 안에서 성전이 되어가고

21 In him the whole building is joined together and rises to become a
holy temple in the Lord.

- **너희도 성령 안에서 하나님이 거하실 처소가 되기 위하여 그리스도 예수 안에서 함께 지어져 가느니라**

22 너희도 성령 안에서 하나님이 거하실 처소가 되기 위하여 그리스도
예수 안에서 함께 지어져 가느니라 (엡2:11~22)

22 And in him you too are being built together to become a dwelling
in which God lives by his Spirit. (Ephesians 2:11~22)

● 하나님의 구원의 경륜의 비밀

1 이러므로 그리스도 예수의 일로 너희 이방인을 위하여 갇힌 자 된 나 바울이 말하거니와

1 For this reason I, Paul, the prisoner of Christ Jesus for the sake of you Gentiles-

2 너희를 위하여 내게 주신 하나님의 그 은혜의 경륜을 너희가 들었을 터이라

2 Surely you have heard about the administration of God's grace that was given to me for you,

▪ 곧 계시로 내게 비밀을 알게 하신 것은 내가 먼저 간단히 기록함과 같으니

3 곧 계시로 내게 비밀을 알게 하신 것은 내가 먼저 간단히 기록함과 같으니

3 that is, the mystery made known to me by revelation, as I have already written briefly.

▪ 그것을 읽으면 내가 그리스도의 비밀을 깨달은 것을 너희가 알 수 있으리라

4 그것을 읽으면 내가 그리스도의 비밀을 깨달은 것을 너희가 알 수 있으리라

4 In reading this, then, you will be able to understand my insight into

the mystery of Christ,

- **이제 그의 거룩한 사도들과 선지자들에게**
  성령으로 나타내신 것같이 다른 세대에서는
  사람의 아들들에게 알리지 아니하셨으니

5 이제 그의 거룩한 사도들과 선지자들에게 성령으로 나타내신 것같이
다른 세대에서는 사람의 아들들에게 알리지 아니하셨으니

5 which was not made known to men in order generations as it has
now been revealed by the Spirit to God's holy apostles and proph-
ets.

- **이는 이방인들이 복음으로 말미암아**
  그리스도 예수 안에서 함께 상속자가 되고
  함께 지체가 되고 함께 약속에 참여 하는 자가 됨이라

6 이는 이방인들이 복음으로 말미암아 그리스도 예수 안에서 함께 상
속자가 되고 함께 지체가 되고 함께 약속에 참여하는 자가 됨이라

6 This mystery is that through the gospel the Gentiles are heirs to-
gether with Israel, members together of one body, and sharers
together in the promise in Christ Jesus.

- **이 복음을 위하여 그의 능력이 역사하시는 대로**
  내게 주신 하나님의 은혜의 선물을 따라 내가 일꾼이 되었노라

7 이 복음을 위하여 그의 능력이 역사하시는 대로 네게 주신 하나님의
은혜의 선물을 따라 내가 일꾼이 되었노라

7 I became a servant of this gospel by the gift of God's grace given
me through the working of his power.

8 모든 성도 중에 지극히 작은 자보다 더 작은 나에게 이 은혜를 주신 것은 측량할 수 없는 그리스도의 풍성함을 이방인에게 전하게 하시고

8 Although I am less than the least of all God's people, this grace was given me: to preach to the Gentiles the unsearchable riches of Christ.

- **영원부터 만물을 창조하신 하나님 속에 감추어졌던 비밀의 경륜이 어떠한 것을 드러내게 하려 하심이라**

9 영원부터 만물을 창조하신 하나님 속에 감추어졌던 비밀의 경륜이 어떠한 것을 드러내게 하려 하심이라

9 and to make plain to everyone the administration of this mystery, which for ages past was kept hidden in God, who created all things.

- **이는 이제 교회로 말미암아 하늘에 있는 통치자들과 권세들에게 하나님의 각종 지혜를 알게 하려 하심이니**

10 이는 이제 교회로 말미암아 하늘에 있는 통치자들과 권세들에게 하나님의 각종 지혜를 알게 하려 하심이니

10 His intent was that now, though the church, the manifold wisdom of God should be made known to the rulers and authorities in the heavenly realms,

- **곧 영원부터 우리 주 그리스도 예수 안에서 예정하신 뜻대로 하신 것이라**

11 곧 영원부터 우리 주 그리스도 예수 안에서 예정하신 뜻대로 하신 것이라

11 according to his eternal purpose which he accomplished in Christ Jesus our Lord.

■ **우리가 그 안에서 그를 믿음으로 말미암아 담대함과 확신을 가지고 하나님께 나아감을 얻느니라**

12 우리가 그 안에서 그를 믿음으로 말미암아 담대함과 확신을 가지고 하나님께 나아감을 얻느니라

12 In him and through faith in him we may approach God with freedom and confidence.

■ **그러므로 너희에게 구하노니 너희를 위한 나의 여러 환난에 대하여 낙심하지 말라 이는 너희의 영광이니라**

13 그러므로 너희에게 구하노니 너희를 위한 나의 여러 환난에 대하여 낙심하지 말라 이는 너희의 영광이니라 (엡3:1~13)

I ask you, therefore, not to be discouraged because of my sufferings for you, which are your glory. (Ephesians 3:1~13)

● 그리스도의 사랑을 알게 하시기를

14 이러므로 내가 하늘과 땅에 있는 각 족속에게

14 For this reason I kneel before the Father,

■ **이름을 주신 아버지의 앞에 무릎을 꿇고 비노니**

15 이름을 주신 아버지 앞에 무릎을 꿇고 비노니

15 from whom his whole family in heaven and on earth derives its name.

▪ **그의 영광의 풍성함을 따라 그의 성령으로 말미암아 너희 속사람을 능력으로 강건하게 하시오며**

16 그의 영광의 풍성함을 따라 그의 성령으로 말미암아 너희 속사람을
능력으로 강건하게 하시오며

16 I pray that out of his glorious riches he may strengthen you with
power through his Spirit in your inner being.

▪ **믿음으로 말미암아 그리스도께서 너희 마음에 계시게 하시옵고 너희가 사랑 가운데서 뿌리가 박히고 터가 굳어져서**

17 믿음으로 말미암아 그리스도께서 너희 마음에 계시게 하시옵고 너
희가 사랑 가운데서 뿌리가 박히고 터가 굳어져서

17 so that Christ may dwell in your hearts through faith. And I pray
that you, being rooted and established in love,

▪ **능히 모든 성도와 함께 지식에 넘치는 그리스도의 사랑을 알고**

18 능히 모든 성도와 함께 지식에 넘치는 그리스도의 사랑을 알고

18 may have power, together with all the saints, to grasp how wide
and long and high and deep is the love of Christ,

▪ **그 너비와 길이와 높이와 깊이가 어떠함을 깨달아 하나님의 모든 충만하신 것으로 너희에게 충만하게 하시기를 구하노라**

19 그 너비와 길이와 높이와 깊이가 어떠함을 깨달아 하나님의 모든
충만하신 것으로 너희에게 충만하게 하시기를 구하노라

19 and to know this love that surpasses knowledge-that you may be

filled to the measure of all the fullness of God.

- **우리 가운데서 역사하시는 능력대로 우리가 구하거나 생각하는 모든 것에 더 넘치도록 능히 하실 이에게**

20 우리 가운데서 역사하시는 능력대로 우리가 구하거나 생각하는 모
든 것에 더 넘치도록 능히 하실 이에게

20 Now to him who is able to do immeasurably more than all we ask
or imagine, according to his power that is at work within us,

- **교회 안에서와 그리스도 예수 안에서 영광이 대대로 영원무궁하기를 원하노라 아멘**

21 교회 안에서와 그리스도 예수 안에서 영광이 대대로 영원무궁하기
를 원하노라 아멘 (엡3:14~21)

21 to him be glory in the church and in Christ Jesus throughout all
generations, for ever and ever! Amen. (Ephesians 3:14~21)

Part 5

3. 행함이 없는 믿음은 죽은 것

faith without deeds is dead

▪ **내 형제들아 만일 사람이 믿음이 있노라 하고 행함이 없으면 무슨 유익이 있으리요 그 믿음이 능히 자기를 구원하겠느냐**

14 내 형제들아 만일 사람이 믿음이 있노라 하고 행함이 없으면 무슨 유익이 있으리요 그 믿음이 능히 자기를 구원하겠느냐

14 What good is it, my brothers, if a man claims to have faith but has no deeds? Can such faith save him?

▪ **만일 형제나 자매가 헐벗고 일용할 양식이 없는데**

15 만일 형제나 자매가 헐벗고 일용할 양식이 없는데

15 Suppose a brother or sister is without clothes and daily food

▪ **너희 중에 누구든지 그에게 이르되 평안히 가라, 덥게 하라, 배부르게 하라 하며 그 몸에 쓸 것을 주지 아니하면 무슨 유익이 있으리요**

16 너희 중에 누구든지 그에게 이르되 평안히 가라, 덥게 하라, 배부르게 하라 하며 그 몸에 쓸 것을 주지 아니하면 무슨 유익이 있으리요

16 If one of you says to him, "Go, I wish you well; keep warm and well fed," but does nothing about his physical needs, what good is it?

▪ **이와 같이 행함이 없는 믿음은 그 자체가 죽은 것이라**

17 이와 같이 행함이 없는 믿음은 그 자체가 죽은 것이라

17 In the same way, faith by itself, if it is not accompanied by action,

is dead.

18 어떤 사람은 말하기를 너는 믿음이 있고 나는 행함이 있으니 행함
이 없는 네 믿음을 내게 보이라 나는 행함으로 내 믿음을 네게 보이
리라 하리라

18 But someone will say, "You have faith; I have deeds." Show me
your faith without deeds, and I will show you my faith by what I
do.

19 네가 하나님은 한 분이신 줄을 믿느냐 잘하는도다 귀신들도 믿고
떠느니라

19 You believe that there is one God. Good! Even the demons be-
lieve that--and shudder.

20 아아 허탄한 사람아 행함이 없는 믿음이 헛것인 줄을 알고자 하느냐

20 You foolish man, do you want evidence that faith without deeds is
useless?

**▪ 우리 조상 아브라함이 그 아들 이삭을 제단에 바칠 때에
행함으로 의롭다 하심을 받은 것이 아니냐**

21 우리 조상 아브라함이 그 아들 이삭을 제단에 바칠 때에 행함으로
의롭다 하심을 받은 것이 아니냐

21 Was not our ancestor Abraham considered righteous for what he
did when he offered his son Isaac on their altar?

- **네가 보거니와 믿음이 그의 행함과 함께 일하고 행함으로 믿음이 온전하게 되었느니라**

22 네가 보거니와 믿음이 그의 행함과 함께 일하고 행함으로 믿음이 온전하게 되었느니라

22 You see that his faith and his actions were working together, and his faith was made complete by what he did.

- **이에 성경에 이른 바 아브라함이 하나님을 믿으니 이것을 의로 여기셨다는 말씀이 이루어졌고 그는 하나님의 벗이라 칭함을 받았나니**

23 이에 성경에 이른 바 아브라함이 하나님을 믿으니 이것을 의로 여기셨다는 말씀이 이루어졌고 그는 하나님의 벗이라 칭함을 받았나니

23 And the scripture was fulfilled that says, "Abraham believed God, and it was credited to him as righteousness," and he was called God's friend.

- **이로 보건대 사람이 행함으로 의롭다 하심을 받고 믿음으로만은 아니니라**

24 이로 보건대 사람이 행함으로 의롭다 하심을 받고 믿음으로만은 아니니라

24 You see that a person is justified by what he does and not by faith alone.

- **또 이와 같이 기생 라합이 사자들을 접대하여 다른 길로 나가게 할 때에 행함으로 의롭다 하심을 받은 것이 아니냐**

25 또 이와 같이 기생 라합이 사자들을 접대하여 다른 길로 나가게 할 때에 행함으로 의롭다 하심을 받은 것이 아니냐

25 In the same way, was not even Rahab the prostitute considered
righteous for what she did when she gave lodging to the spies
and sent them off in a different direction?

■ **영혼 없는 몸이 죽은 것 같이 행함이 없는 믿음은 죽은 것이니라**

26 영혼 없는 몸이 죽은 것같이 행함이 없는 믿음은 죽은 것이니라 (약
2:14~26)

26 As the body without the spirit is dead, so faith without deeds is
dead. (James 2:14~26)

Part 5

4. 이기는 자

Him who overcomes

● 세상을 이기는 믿음

● Faith in the Son of God

▪ **예수께서 그리스도이심을 믿는 자마다 하나님께로부터 난 자니**
또한 낳으신 이를 사랑하는 자마다 그에게서 난 자를 사랑하느니라

1 예수께서 그리스도이심을 믿는 자마다 하나님께로부터 난 자니 또한 낳으신 이를 사랑하는 자마다 그에게서 난 자를 사랑하느니라

1 Everyone who believes that Jesus is the Christ is born of God, and everyone who loves the father loves his child as well.

▪ **우리가 하나님을 사랑하고 그의 계명들을 지킬 때에**
이로써 우리가 하나님의 자녀를 사랑하는 줄을 아느니라

2 우리가 하나님을 사랑하고 그의 계명들을 지킬 때에 이로써 우리가 하나님의 자녀를 사랑하는 줄을 아느니라

2 This is how we know that we love the children of God: by loving God and carrying out his commands.

▪ **하나님을 사랑하는 것은 이것이니 우리가 그의 계명들을**
지키는 것이라 그의 계명들은 무거운 것이 아니로다

3 하나님을 사랑하는 것은 이것이니 우리가 그의 계명들을 지키는 것이라 그의 계명들은 무거운 것이 아니로다

3 This is love for God: to obey his commands. And his commands are

not burden some,

- **무릇 하나님께로부터 난 자마다 세상을 이기느니라**
세상을 이기는 승리는 이것이니 우리의 믿음이니라

4 무릇 하나님께로부터 난 자마다 세상을 이기느니라 세상을 이기는
승리는 이것이니 우리의 믿음이니라

4 for everyone born of God overcomes the world. This is the victory
that has overcome the world, even our faith.

- **예수께서 하나님의 아들이심을 믿는 자가 아니면**
세상을 이기는 자가 누구냐

5 예수께서 하나님의 아들이심을 믿는 자가 아니면 세상을 이기는 자
가 누구냐

5 Who is it that overcomes the world? Only he who believes that Je-
sus is the Son of God.

- **이는 물과 피로 임하신 이시니 곧 예수 그리스도시라 물로만 아니요**
물과 피로 임하셨고 증언하는 이는 성령이시니 성령은 진리니라

6 이는 물과 피로 임하신 이시니 곧 예수 그리스도시라 물로만 아니요
물과 피로 임하셨고 증언하는 이는 성령이시니 성령은 진리니라

6 This is the one who came by water and blood-Jesus christ. He did
not come by water only, but by water and blood. And it is the
Spirit who testifies, because the Spirit is the truth.

- **증언하는 이가 셋이니**

7 증언하는 이가 셋이니

7 For there are three that testify:

▪ **성령과 물과 피라 또한 이 셋은 합하여 하나이니라**

8 성령과 물과 피라 또한 이 셋은 합하여 하나이니라

8 the Spirit, the water and the blood; and the three are in agreement.

▪ **만일 우리가 사람들의 증언을 받을진대 하나님의 증거는 더욱 크도다 하나님의 증거는 이것이니 그의 아들에 대하여 증언하신 것이니라**

9 만일 우리가 사람들의 증언을 받을진대 하나님의 증거는 더욱 크도다
하나님의 증거는 이것이니 그의 아들에 대하여 증언하신 것이니라

9 We accept man's testimony, but God's testimony is greater because
it is the testimony of God, which he has given about his Son.

▪ **하나님의 아들을 믿는 자는 자기 안에 증거가 있고 하나님을 믿지 아니하는 자는 하나님을 거짓말하는 자로 만드나니 이는 하나님께서 그 아들에 대하여 증언하신 증거를 믿지 아니하였음이라**

10 하나님의 아들을 믿는 자는 자기 안에 증거가 있고 하나님을 믿지
아니하는 자는 하나님을 거짓말하는 자로 만드나니 이는 하나님께
서 그 아들에 대하여 증언하신 증거를 믿지 아니하였음이라

10 Anyone who believes in the Son of God has this testimony in his
heart. Anyone who does not believe God has made him out to be
a liar, because he has not believed the testimony God has given
about his Son.

▪ **또 증거는 이것이니 하나님이 우리에게 영생을 주신 것과 이 생명이 그의 아들 안에 있는 그것이니라**

11 또 증거는 이것이니 하나님이 우리에게 영생을 주신 것과 이 생명
이 그의 아들 안에 있는 그것이니라

11 And this is the testimony: God has given us eternal life, and this
life is in his Son.

▪ 아들이 있는 자에게는 생명이 있고
하나님의 아들이 없는 자에게는 생명이 없느니라

12 아들이 있는 자에게는 생명이 있고 하나님의 아들이 없는 자에게는
생명이 없느니라 (요일5:1~12)

12 He who has the Son has life; he who does not have the Son of
God does not have life. (1John 5:1~12)

제6장

사람이 물과 성령으로 나지 아니하면 하나님의 나라에 들어갈 수 없느니라

no one can enter the kingdom of God unless he is born of water and the Spirit

1. 사람이 물과 성령으로 나지 아니하면 하나님의 나라에 들어갈 수 없느니라

no one can enter the kingdom of God unless he is born of water and the Spirit

- **사람이 물과 성령으로 나지 아니하면 하나님의 나라에 들어갈 수 없느니라**
- **no one can enter the kingdom of God unless he is born of water and the Spirit**

1 그런데 바리새인 중에 니고데모라 하는 사람이 있으니 유대인의 지
도자라

1 Now there was a man of the Pharisees named Nicodemus, a mem-
ber of the Jewish ruling council.

2 그가 밤에 예수께 와서 이르되 랍비여 우리가 당신은 하나님께로부

터 오신 선생인 줄 아나이다 하나님이 함께 하시자 아니하시면 당신
이 행하시는 이 표적을 아무도 할 수 없음이니이다
2 He came to Jesus at night and said, "Rabbi, we know you are a
teacher who has come from God. For no one could perform the
miraculous signs you are doing if God were not with him."

- **진실로 진실로 네게 이르노니 사람이 거듭나지 아니하면**
  하나님의 나라를 볼 수 없느니라
- **"I tell you the truth,**
  no one can see the kingdom of God
  unless he is born again"

3 예수께서 대답하여 이르시되 진실로 진실로 네게 이르노니 사람이
거듭나지 아니하면 하나님의 나라를 볼 수 없느니라
3 In reply Jesus declared, "I tell you the truth, no one can see the
kingdom of God unless he is born again."
4 니고데모가 이르되 사람이 늙으면 어떻게 날 수 있사옵나이까
4 "How can a man be born when he is old?" Nicodemus asked.
"Surely he cannot enter a second time into his mother's womb to
be born!"

- **진실로 진실로 네게 이르노니 사림이 물과 성령으로**
  나지 아니하면 하나님의 나라에 들어갈 수 없느니라
  Jesus answered, "I tell you the truth, no one can enter
  the kingdom of God unless he is born of water and the Spirit

5 예수께서 대답하시되 진실로 진실로 네게 이르노니 사람이 물과 성

령으로 나지 아니하면 하나님의 나라에 들어갈 수 없느니라*[1)]

5 Jesus answered, "I tell you the truth, no one can enter the kingdom of God unless he is born of water and the Spirit.

*1) ■ **그는 성령과 불로 너희에게 세례를 베푸실 것이요**

나는 너희로 회개하게 하기 위하여 물로 세례를 베풀거니와

내 뒤에 오시는 이는 나보다 능력이 많으시니

나는 그의 신을 들기도 감당하지 못하겠노라

그는 성령과 불로 너희에게 세례를 베푸실 것이요

나는 너희로 회개하게 하기 위여 물로 세례를 베풀거니와 내 뒤에 오시는 이는 나보다 능력이 많으시니 나는 그의 신을 들기도 감당하지 못하겠노라 그는 성령과 불로 너희에게 세례를 베푸실 것이요 (마3:11)

I baptize you with water for repentance. But after me will come one who is more powerful than I, whose sandals I am not fit to carry. He will baptize you with the Holy Spirit and with fire. (Matthew 3:11)

■ **그 안에서 너희도 진리의 말씀 곧 너희의 구원의 복음을 듣고 그 안에서 또한 믿어 약속의 성령으로 인치심을 받았으니**

그 안에서 너희도 진리의 말씀 곧 너희의 구원의 복음을 듣고 그 안에서 또한 믿어 약속의 성령으로 인치심을 받았으니 (엡1:13)

And you also were included in Christ when you heard the word of truth, the gospel of your salvation. Having believed, you were marked in him with a seal, the promised Holy Spirit, (Ephesians 1:13)

■ **그 안에서 너희가 구원의 날까지 인치심을 받았느니라**

하나님의 성령을 근심하게 하지 말라 그 안에서 너희가 구원의 날까지 인치심을 받았느니라 (엡4:30)

And do not grieve the Holy Spirit of God, with whom you were sealed for the day of redemption. (Ephesians 4:30)

▪ **육으로 난 것은 육이요 영으로 난 것은 영이니**

▪ **Flesh gives birth to flesh, but the Spirit gives birth to spirit.**

6 육으로 난 것은 육이요 영으로 난 것은 영이니

6 Flesh gives birth to flesh, but the Spirit gives birth to spirit.

▪ **내가 네게 거듭나야 하겠다 하는 말을 놀랍게 여기지 말라**

▪ **You should not be surprised at my saying, You must be born again.**

7 내가 네게 거듭나야 하겠다 하는 말을 놀랍게 여기지 말라

7 You should not be surprised at my saying, You must be born again.

▪ **바람이 임의로 불매 네가 그 소리는 들어도 어디서 와서 어디로 가는지 알지 못하나니 성령으로 난 사람도 다 그러하니라**

▪ **The wind blows wherever it please. You hear its sound, but you cannot tell where it comes from or where it is going. So it is with everyone born of the Spirit.**

8 바람이 임의로 불매 네가 그 소리는 들어도 어디서 와서 어디로 가는
지 알지 못하나니 성령으로 난 사람도 다 그러하니라

8 The wind blows wherever it please. You hear its sound, but you cannot tell where it comes from or where it is going. So it is with everyone born of Spirit.

9 니고데모가 대답하여 이르되 어찌 그러한 일이 있을 수 있나이까

9 "How can this be?" Nicodemus asked.

10 예수께서 그에게 대답하여 이르시되 너는 이스라엘의 선생으로서
이러한 것들을 알지 못하느냐

10 “You are Israel‘s teacher,” said Jesus, and do you not understand these things?

▪ **진실로 진실로 네게 이르노니 우리는 아는 것을 말하고 본 것을 증언하노라 그러나 너희가 우리의 증언을 받지 아니하는도다**

▪ **I tell you the truth, we speak of what we know,**
and we testify to what we have seen,
but still you people do not accept our testimony.

11 진실로 진실로 네게 이르노니 우리는 아는 것을 말하고 본 것을 증
언하노라 그러나 너희가 우리의 증언을 받지 아니하는도다

11 I tell you the truth, we speak of what we know, and we testify to
what we have seen, but still you people do not accept our testimony.

▪ **내가 땅의 일을 말하여도 너희가 맏지 아니하거든 하물며 하늘의 일을 말하면 어떻게 믿겠느냐**

▪ **I have spoken to you of earthly things and you do not believe;**
how then will you believe if I speak of heavenly things?

12 내가 땅의 일을 말하여도 너희가 믿지 아니하거든 하물며 하늘의 일
을 말하면 어떻게 믿겠느냐

12 I have spoken to you of earthly things and you do not believe;
how then will you believe if I speak of heavenly things?

▪ **하늘에서 내려온 자**
곧 인자 외에는 하늘에 올라간 자가 없느니라

▪ **No one has ever gone into heaven except**
the one who came from heaven-the Son of Man.

13 하늘에서 내려온 자 곧 인자 외에는 하늘에 올라간 자가 없느니라

13 No one has ever gone into heaven except the one who came from heaven-the Son of Man.

- **모세가 광야에서 뱀을 든 것같이 인자도 들려야 하리니**
- **Just as Moses lifted up the snake in the desert, so the Son of Man must be lifted up.**

14 모세가 광야에서 뱀을 든 것같이 인자도 들려야 하리니*1)

14 Just as Moses lifted up the snake in the desert, so the Son of Man must be lifted up,

*1) 모세가 놋뱀을 만들어 장대 위에 다니 뱀에게 물린 자가 놋뱀을 쳐다본즉 모두 살더라 (민21:9)

So Moses made a bronze snake and put it up on a pole. Thenwhen anyone was bitten by a snake and looked at the bronzesnake, he lived.

*1) ▪ **나무에 달린 자마다 저주 아래에 있는 자라**

13 그리스도께서 우리를 위하여 저주를 받은 바 되사 율법의 저주에서 우리를 속량하셨으니 기록된 바 나무에 달린 자마다 저주 아래에 있는 자라 하였음이라

13 Christ redeemed us from the curse of the law by becoming a. curse for us, for it is written : “Cursed is everyone who is hung on a tree”

- **또 우리로 하여금 믿음으로 말미암아 성령의 약속을 받게 하려 함이라**

14 이는 그리스도 예수 안에서 아브라함의 복이 이방인에게 미치게 하고 또 우리로 하여금 믿음으로 말미암아 성령의 약속을(요엘2:28) 받게 하려 함이라 (갈3:13~14)

14 He redeemed us in order that the blessing given to Abraham might come to the Gentiles through Christ Jesus, so that by faith we might receive the promise of the Spirit. (Galatians. 3:13~14)

▪ 이는 그를 믿는 자마다 영생을 얻게 하려 하심이라

▪ that everyone who believes in him may have eternal life.

15 이는 그를 믿는 자마다 영생을 얻게 하려 하심이니라

15 that everyone who believes in him may have eternal life.

▪ 하나님이 세상을 이처럼 사랑하사 독생자를 주셨으니
이는 그를 믿는 자마다 멸망하지 않고 영생을 얻게 하려 하심이라

▪ For God so loved the world that he gave his one
and only Son, that whoever believes in him
shall not perish but have eternal life.

16 하나님이 세상을 이처럼 사랑하사 독생자를 주셨으니 이는 그를 믿
는 자마다 멸망하지 않고 영생을 얻게 하려 하심이라

16 For God so loved the world that he gave his one and only Son,
that whoever believes in him shall not perish but have eternal life.

▪ 하나님이 그 아들을 세상에 보내신 것은
세상을 심판하려 하심이 아니요
그로 말미암아 세상이 구원을 받게 하려 하심이라

▪ For God did not send his Son into the world
to condemn the world, but to save the world through him

17 하나님이 그 아들을 세상에 보내신 것은 세상을 심판하려 하심이
아니요 그로 말미암아 세상이 구원을 받게 하려 하심이라

17 For God did not send his Son into the world to condemn the
world, but to save the world through him.

▪ **그를 믿는 자는 심판을 받지 아니하는 것이요**
믿지 아니하는 자는 하나님의 독생자의 이름을
믿지 아나하므로 벌써 심판을 받은 것이니라

▪ **Whoever believes in him is not condemned, but whoever does not believe stands condemned already because he has not believed in the name of God's one and only Son.**

18 그를 믿는 자는 심판을 받지 아니하는 것이요[*1)] 믿지 아니하는 자는 하나님의 독생자의 이름을 믿지 아니하므로 벌써 심판을 받은 것이니라

18 Whoever believes in him is not condemned, but whoever does not belive stands condemned already because he has not believed in the name of God's one and only Son.

*1) ▪ **크고 흰 보좌에서 심판을 내리시다**

11 또 내가 크고 흰 보좌와 그 위에 앉으신 이를 보니 땅과 하늘이 그 앞에서 피하여 간 데 없더라

11 Then I saw a great white throne and him who was seated on it. Earth and sky fled from his presence, and there was no place for them .

12 또 내가 보니 죽은 자들이 큰 자나 작은 자나 그 보좌 앞에 서 있는데 책들이 펴 있고 또 다른 책이 펴졌으니 곧 생명책이라 죽은 자들이 자기 행위를 따라 책들에 기록된 대로 심판을 받으니

12 And I saw the dead, great and small, standing before the throne, and books were opened. Another book was opened, which is the book of life. The dead were judged according to what they had done as recorded in the book.

13 바다가 그 가운데에서 죽은 자들을 내주고 또 사망과 음부도 그 가

운데에서 죽은 자들을 내주매 각 사람이 자기의 행위대로 심판을
받고

13 The sea gave up the dead that were in it, and death and Ha-
des. gave up the dead that were in them, and each person was
judged according to what he had done.

14 사망과 음부도 불못에 던져지니 이것은 둘째 사망 곧 불못이라

14 Then death and Hades were thrown into the lake of fire. The
lake of fire is the second death.

15 누구든지 생명책에 기록되지 못한 자는 불못에 던져지더라 (계
20:11~15)

15 If anyone's name was not found written in the book of life, he
was thrown into the lake of fire. (Revelation 20:11~15)

- **그 정죄는 이것이니 곧 빛이 세상에 왔으되 사람들이 자기 행위가 악하므로 빛보다 어둠을 더 사랑한 것이니라**
- **This is the verdict: Light has come into the world, but men loved darkness instead of light because their deeds were evil.**

19 그 정죄는 이것이니 곧 빛이 세상에 왔으되 사람들이 자기 행위가
악하므로 빛보다 어둠을 더 사랑한 것이니라

19 This is the verdict: Light has come into the world, but men loved
darkness instead of light because their deeds were evil.

- **악을 행하는 자마다 빛을 미워하여 빛으로 오지 아니하나니 이는 그 행위가 드러날까 함이요**
- **Everyone who does evil hates the light, and will not come into the light for fear that his deeds will be exposed.**

20 악을 행하는 자마다 빛을 미워하여 빛으로 오지 아니하나니 이는

그 행위가 드러날까 함이요

20 Everyone who does evil hates the light, and will not come into the light for fear that his deeds will be exposed.

- **진리를 따르는 자는 빛으로 오나니**
  이는 그 행위가 하나님 안에서 행한 것임을 나타내려 함이라
- **But whoever lives by the truth comes into the light,**
  so that it may be seen plainly that what he has done
  has been done through God.

21 진리를 따르는 자는 빛으로 오나니 이는 그 행위가 하나님 안에서 행한 것임을 나타내려 함이라 하시니라 (요3:1~21)

21 But whoever lives by the truth comes into the light, so that it may be seen plainly that what he has done has been done through God. (John 3:1~21)

● **너희가 믿을 때에 성령을 받았느냐**

● **"Did you receive the Holy Spirit when you believed?"**

2 이르되 너희가 믿을 때에 성령을 받았느냐 이르되 아니라 우리는 성령이 계심도 듣지 못하였노라

2 and asked them, "Did you receive the Holy Spirit when you believed" They answered, "No, we have not even heard that there is a Holy Spirit."

3 바울이 이르되 그러면 너희가 무슨 세례를 받았느냐 대답하되 요한의 세례니라

Part 6

3 So Paul asked, "Then what baptism did you receive?" "John a bap-
tism," they replied.
4 바울이 이르되 요한이 회개의 세례를 베풀며 백성에게 말하되 내 뒤
에 오시는 이를 믿으라 하였으니 이는 곧 예수라 하거늘
4 Paul said, "John's baptism was a baptism of repentance. He told the
people to believe in the one coming after him, that is, in Jesus."
5 그들이 듣고 주 예수의 이름으로 세례를 받으니
5 On hearing this, they were baptized into the name of the Lord Je-
sus.
6 바울이 그들에게 안수하매 성령이 그들에게 임하시므로 방언도 하고
예언도 하니
6 When Paul placed his hands on them, the Holy Spirit came on
them, and they spoke in tongues and prophesied.
7 모두 열두 사람쯤 되니라 (행19:2~7)
7 There were about twelve men in all. (Acts 19:2~7)

2. 다른 복음은 없으니 믿음으로 의롭게 되다

No Other Gospel

● 다른 복음은 없다

● No Other Gospel

- 그리스도의 은혜로 너희를 부르신 이를 이같이 속히 떠나 다른 복음을 따르는 것을 내가 이상하게 여기노라
- I am astonished that you are so quickly deserting the one who called you by the grace of Christ and are turning to a different gospel-

6 그리스도의 은혜로 너희를 부르신 이를 이같이 속히 떠나 다른 복음
을 따르는 것을 내가 이상하게 여기노라

6 I am astonished that you are so quickly deserting the one who
called you by the grace of Christ and are turning to a different gos-
pel-

- 다른 복음은 없나니 다만 어떤 사람들이 너희를 교란하여 그리스도의 복음을 변하게 하려 함이라
- which is really no gospel at all. Evidently some people are throwing you into confusion and are trying to pervert the gospel of Christ.

7 다른 복음은 없나니 다만 어떤 사람들이 너희를 교란하여 그리스도
의 복음을 변하게 하려 함이라

7 which is really no gospel at all. Evidently some people are throw-
ing you into confusion and are trying to pervert the gospel of
Christ.

- **그러나 우리나 혹은 하늘로부터 온 천사라도 우리가 너희에게 전한 복음 외에 다른 복음을 전하면 저주를 받을지어다**
- **But even if we or an angel from heaven should preach a gospel other than the one we preached to you, let him be eternally condemned!**

8 그러나 우리나 혹은 하늘로부터 온 천사라도 우리가 너희에게 전한
복음 외에 다른 복음을 전하면 저주를 받을지어다

8 But even if we or an angel from heaven should preach a gospel
other than the one we preached to you, let him be eternally con-
demned!

- **우리가 전에 말하였거니와 내가 지금 다시 말하노니 만일 누구든지 너희가 받은 것 외에 다른 복음을 전하면 저주를 받을지어다**
- **As we have already said, so now I say again: If anybody is preaching to you a gospel other than what you accepted, let him be eternally condemned!**

9 우리가 전에 말하였거니와 내가 지금 다시 말하노니 만일 누구든지
너희가 받은 것 외에 다른 복음을 전하면 저주를 받을지어다

9 As we have already said, so now I say again: if anybody is preach-
ing to you a gospel other than what you accepted, let him be eter-
nally condemned!

- **이제 내가 사람들에게 좋게 하랴 하나님께 좋게 하랴 사람들에게 기쁨을 구하랴 내가 지금까지 사람들의 기쁨을 구하였다면 그리스도의 종이 아니니라**
- **Am I now trying to win the approval of men, or of God? Or am I trying to please men? If I were still trying to please men, I would not be a servant of Christ.**

10 이제 내가 사람들에게 좋게 하랴 하나님께 좋게 하랴 사람들에게
기쁨을 구하랴 내가 지금까지 사람들의 기쁨을 구하였다면 그리스
도의 종이 아니니라 (갈1:6~10)

10 Am I now trying to win the approval of men, or of God? Or am I
trying to please men? If I were still trying to please men, I would
not be a servant of Christ. (Galatians 1:6~10)

Part 6

● 믿음으로 의롭게 되다

● to be justified by faith

- **게바가 안디옥에 이르렀을 때에 책망 받을 일이 있기로 내가 그를 대면하여 책망하였노라**
- **When Peter came to Antioch, I opposed him to his face, because he was clearly in the wrong.**

11 게바가 안디옥에 이르렀을 때에 책망 받을 일이 있기로 내가 그를
대면하여 책망하였노라

11 When Peter came to Antioch, I opposed him to his face, because
he was clearly in the wrong.

▪ **야고보에서 온 어떤 이들이 이르기 전에 게바가 이방인과 함께 먹다가 그들이 오매 그가 할례자들을 두려워하여 떠나 물러가매**

▪ **Before certain men came from James, he used to eat with the Gentiles. But when they arrived, he began to draw back and separate himself from the Gentiles because he was afraid of those who belonged to the circumcision group.**

12 야고보에서 온 어떤 이들이 이르기 전에 게바가 이방인과 함께 먹다가 그들이 오매 그가 할례자들을 두려워하여 떠나 물러가매

12 Before certain men came from James, he used to eat with the Gentiles. But when they arrived, he began to draw back and separate himself from the Gentiles because he was afraid of those who belonged to the circumcision group.

▪ **남은 유대인들도 그와 같이 외식하므로 바나바도 그들의 외식에 유혹되었느니라**

▪ **The other Jews joined him in his hypocrisy, so that by their hypocrisy even Barnabas was led astray.**

13 남은 유대인들도 그와 같이 외식하므로 바나바도 그들의 외식에 유혹되었느니라

13 The other Jews joined him in his hypocrisy, so that by their hypocrisy even Barnabas was led astray.

▪ **그러므로 나는 그들이 복음의 진리를 따라 바르게 행하지 아니함을 보고 모든 자 앞에서 게바에게 이르되 네가**

유대인으로서 이방인을 따르고 유대인답게 살지 아니하면서
어찌하여 억지로 이방인을 유대인답게 살게 하려느냐

- When I saw that they were not acting in line with the truth of the gospel, I said to Peter in front of them all, You are a Jew, yet you live like a Gentile and not like a Jew. How is it, then, that you force Gentiles to follow Jewish customs?

14 그러므로 나는 그들이 복음의 진리를 따라 바르게 행하지 아니함을
보고 모든 자 앞에서 게바에게 이르되 네가 유대인으로서 이방인을
따르고 유대인답게 살지 아니하면서 어찌하여 억지로 이방인을 유
대인답게 살게 하려느냐 하였노라

14 When I saw that they were not acting in line with the truth of the
gospel, I said to Peter in front of them all, You are a Jew, yet you
live like a Gentile and not like a Jew. How is it, then, that you
force Gentiles to follow Jewish custom?

- 우리는 본래 유대인이요 이방 죄인이 아니로되
- We who are Jews by birth and not Gentile sinners

15 우리는 본래 유대인이요 이방 죄인이 아니로되

15 We who are Jews by birth and not Gentile sinners

- 사람이 의롭게 되는 것은 율법의 행위로 말미암음이 아니요
- 오직 예수 그리스도를 믿음으로 말미암는 줄 알므로 우리도 그리스도 예수를 믿나니 이는 우리가 율법의 행위로서가 아니고

그리스도를 믿음으로써 의롭다 함을 얻으려 함이라

- **know that a man is not justified by observing the law, but by faith in Jesus Christ. So we, too, have put our faith in Christ Jesus that we may be justified by faith in Christ and not by observing the law, because by observing the law no one will be justified.**

16 사람이 의롭게 되는 것은 율법의 행위로 말미암음이 아니요 오직
예수 그리스도를 믿음으로 말미암는 줄 알므로 우리도 그리스도 예
수를 믿나니 이는 우리가 율법의 행위로써가 아니고 그리스도를 믿
음으로써 의롭다 함을 얻으려 함이라 율법의 행위로써는 의롭다 함
을 얻을 육체가 없느니라

16 know that a man is not justified by observing the law, but by faith
in Jesus Christ. So we, too, have put our faith in Christ Jesus that
we may be justified by faith in Christ and not by observing the
law, because by observing the law no one will be justified.

17 만일 우리가 그리스도 안에서 의롭게 되려 하다가 죄인으로 드러나
면 그리스도께서 죄를 짓게 하는 자냐 결코 그럴 수 없느니라

17 If, while we seek to be justified in Christ, it becomes evident that
we ourselves are sinners, does that mean that Christ promotes
sin? Absolutely not!

- **만일 내가 헐었던 것을 다시 세우면 내가 나를 범법한 자로 만드는 것이라**

18 만일 내가 헐었던 것을 다시 세우면 내가 나를 범법한 자로 만드는

것이라

18 If I rebuild what I destroyed, I prove that I am a lawbreaker.

- 내가 율법으로 말미암아 율법에 대하여 죽었나니
  이는 하나님에 대하여 살려 함이라
- For through the law I died to the law
  so that I might live for God.

19 내가 율법으로 말미암아 율법에 대하여 죽었나니 이는 하나님에 대
하여 살려 함이라

19 For through the law I died to the law so that I might live for God.

- 내가 그리스도와 함께 십자가에 못 박혔나니
  그런즉 이제는 내가 사는 것이 아니요
  오직 내 안에 그리스도께서 사시는 것이라
  이제 내가 육체 가운데 사는 것은 나를 사랑하사
  나를 위하여 자기 자신을 버리신 하나님의 아들을 믿는
  믿음 안에서 사는 것이라
- I have been crucified with Christ and I no longer live,
  but Christ lives in me. The life I live in the body,
  I live by faith in the Son of God, who loved me
  and gave himself for me.

20 내가 그리스도와 함께 십자가에 못 박혔나니 그런즉 이제는 내가
사는 것이 아니요 오직 내 안에 그리스도께서 사시는 것이라 이제
내가 육체 가운데 사는 것은 나를 사랑하사 나를 위하여 자기 자신
을 버리신 하나님의 아들을 믿는 믿음 안에서 사는 것이라

20 I have been crucified with Christ and I no longer live, but Christ
lives in me. The life I live in the body, I live by faith in the Son of
God, who loved me and gave himself for me.
21 내가 하나님의 은혜를 폐하지 아니하노니 만일 의롭게 되는 것
이 율법으로 말미암으면 그리스도께서 헛되이 죽으셨느니라 (갈
2:11~21)
21 I do not set aside the grace of God, for if righteousness could be
gained through the law, Christ died for nothing! (Galatians 2:11~21)

● **나 외에 구원자가 없느니라**

● **and apart from me there is no savior.**

- **나 곧 나는 여호와라 나 외에 구원자가 없느니라**
- **I, even I, am the LORD. and apart from me there is no savior.**

11 나 곧 나는 여호와라 나 외에 구원자가 없느니라
11 I, even I, am the LORD, and apart from me there is no savior.

- **내가 알려 주었으며 구원하였으며 보였고**
  너희 중에 다른 신이 없었나니
  그러므로 너희는 나의 증인이요 나는 하나님이라
  여호와의 말씀이니라
- **I have revealed and saved and proclaimed-**
  I, and not some foreign god among you.
  You are my witnesses, declares the Lord, that I am God.

12 내가 알려 주었으며 구원하였으며 보였고 너희 중에 다른 신이 없

었나니 그러므로 너희는 나의 증인이요 나는 하나님이라 여호와의
말씀이니라
12 I have revealed and saved and proclaimed-I, and not some for-
eign god among you. You are my witnesses, declares the Lord,
that I am God.

- **과연 태초로부터 나는 그이니 내 손에서 건질자가 없도다 내가 행하리니 누가 막으리요**
- **Yes, and from ancient days I am he. No one can deliver out of my hand. When I act, who can reverse it?**

13 과연 태초로부터 나는 그이니 내 손에서 건질 자가 없도다 내가 행
하리니 누가 막으리요 (사43:11~13)
13 Yes. and from ancient days I am he. No one can deliver out of my
hand. When I act , who can reverse it? (Isaiah 43:11~13)

Part 6

3. 인자가 올 때에 세상에서 믿음을 보겠느냐

when the Son of Man comes, will he find faith on the earth?

● 항상 기도하고 낙심하지 말아야 할 것

- **예수께서 그들에게 항상 기도하고 낙심하지 말아야 할 것을 비유로 말씀하여**
- **Then Jesus told his disciples a parable to show them that they should always pray and not give up.**

1 예수께서 그들에게 항상 기도하고 낙심하지 말아야 할 것을 비유로 말씀하여*1)

1 Then Jesus told his disciples a parable to show them that they should always pray and not give up.

*1) 소망 중에 즐거워하며 환난 중에 참으며 기도에 항상 힘쓰며 (롬12:12)
Be joyful in hope, patient in affliction, faithful in prayer. (Romans 12:12)

2 이르시되 어떤 도시에 하나님을 두려워하지 않고 사람을 무시하는 한 재판장이 있는데

2 He said; In a certain town there was a judge who neither feared God nor cared about men.

3 그 도시에 한 과부가 있어 자주 그에게 가서 내 원수에 대한 나의 원한을 풀어주소서 하되

3 And there was a widow in that town who kept coming to him with the plea, Grant me justice against my adversary.

4 그가 얼마 동안 듣지 아니하다가 후에 속으로 생각하되 내가 하나님
을 두려워하지 않고 사람을 무시하나

4 For some time he refused. But finally he said to himself, Even
though I didn't fear God or care about men,

5 이 과부가 나를 번거롭게 하니 내가 그 원한을 풀어 주리라 그렇지
않으면 늘 와서 나를 괴롭게 하리라 하였느니라

5 yet because this widow keeps bothering me, I will see that she gets
justice, so that she won't eventually wear me out with her coming!

- **주께서 이르시되 불의한 재판장이 말한 것을 들으라**
- **And the Lord said, Listen to what the unjust judge says.**

6 주께서 이르시되 불의한 재판장이 말한 것을 들으라

6 And the Lord said, Listen to what the unjust judge says.

7 하물며 하나님께서 그 밤낮 부르짖는 택하신 자들의 원한을 풀어 주
지 아니하시겠느냐 그들에게 오래 참으시겠느냐*1)

7 And will not God bring about justice for his chosen ones, who cry
out to him day and night? Will he keep putting them off?

*1) 그날들을 감하지 아니하면 모든 육체가 구원을 얻지 못할 것이나 그러나 택하신 자들을 위하여 그날들을 감하시리라 (마24:22)
If those days had not been cut short, no one would survive, but for the sake of the elect those days will be shortened. (Matthew 24:22)

- **내가 너희에게 이르노니 속히 그 원한을 풀어 주시리라 그러나 인자가 올 때에 세상에서 믿음을 보겠느냐**
- **I tell you, he will see that they get justice,**

Part 6

and quickly. However, when the Son of Man comes, will he find faith on the earth?

8 내가 너희에게 이르노니 속히 그 원한을 풀어 주시리라 그러나 인자가 올 때에 (눅17:27~30) 세상에서 믿음을 보겠느냐 하시니라[*1] (눅18:1~8)

8 I tell you, he will see that they get justice, and quickly. However, when the Son of Man comes, (Luke 17:27~30) will he find faith on the earth? (Luke 18:1~8)

*1) 34 너희는 스스로 조심하라 그렇지 않으면 방탕함과 술취함과 생활의 염려로 마음이 둔하여지고 뜻밖에 그날이 덫과 같이 너희에게 임하리라

34 Be careful, or your hearts will be weighed down with dissipation, drunkenness and the anxieties of life, and that day will close on you unexpectedly like a trap.

35 이날은 온 지구상에 거하는 모든 사람에게 임하리라

35 For it will come upon all those who live on the face of the whole earth.

- **이러므로 너희는 장차 올 이 모든 일을 능히 피하고 인자 앞에 서도록 항상 기도하며 깨어 있으라**
- **Be always on the watch, and pray that you may be able to escape all that is about to happen, and that you may be able to stand before the Son of Man.**

36 이러므로 너희는 장차 올 이 모든 일을 능히 피하고 인자 앞에 서도록 항상 기도하며 깨어 있으라 하시니라 (눅21:34~36)

36 Be always on the watch, and pray that you may be able to escape all that is about to happen, and that you may be able to stand before the Son of Man. (Luke 21:34~35)

내가 동쪽에서 사나운 날짐승을 부르며
먼 나라에서 나의 뜻을 이룰 사람을 부를 것이라
내가 말하였은즉 반드시 이룰 것이요
계획하였은즉 반드시 시행하리라 (사46:11)

From the east I summon a bird of prey;
from a far-off land, a man to fulfill my purpose.
What I have said, that will I bring about;
what I have planned, that will I do. (Isaiah 46:11)